襯托角色
構圖
插畫姿勢集
1人構圖到多人構圖　畫面決勝關鍵
U0050434

除妖三劍士
虎狼 SAKIRI

Childhood friend
HAMU 鳥

Yes!
Falling Love ???
藤科遙市

桃鬼鬪爭
～又名搶購炒麵麵包的巡迴戰～
RARIATOO
雉
猿
犬

走！上陣！
海鼠

櫻花之罪
YANAMi

muneca
神威 NATUKI

前言

只要花一點點的功夫，就能讓你的插畫散發無窮魅力！

「構圖」是繪圖初學者的好夥伴！

開始繪圖沒多久之後，是不是曾經覺得無法再畫得更出色，
內心感到焦躁不安？

明明很認真描繪自己喜歡的角色，但是怎麼畫都不夠漂亮帥氣。
好像只是隨便塗鴉的樣子……。
對自己的繪圖才能感到失望，甚至都快失去繪圖的動力。

這個時候，「構圖」將帶給你最大的助力。
構圖有各種說法和解釋，
在漫畫插畫的世界中，「構圖」指的是「構成畫面的技巧」。
決定角色配置，思考攝影法則，
還有其他各種技巧，目的都是希望「想讓畫面傳達出繪師的想法」，
以及「畫面能讓人百看不厭」。

為了將角色臉部與身體畫得漂亮生動，必須勤練人物素描和線稿的技巧，
要畫得完美需花費不少時間。
但是「構圖」卻不是一種難度很高的技巧，
大多是可以簡單運用的小訣竅。
例如，改變角色配置等小撇步，
就可以讓角色增添無窮的魅力。

本書中收錄了許多「一張畫」定勝負的構圖，
例如漫畫扉頁畫或同人誌封面插畫等。
首先，請大家先從臨摹和模仿開始，
試試在自己的繪圖中加入「構圖」的力量吧！
描繪的角色變得閃耀生動，
一定可以讓自己感受到創作的「樂趣」！

目錄

襯托角色 構圖 插畫姿勢集
1人構圖到多人構圖 畫面決勝關鍵

第 2 章
2 人構圖

第 3 章
3人～4人構圖

第 4 章
團體登場的戲劇性構圖

構圖的基本

構圖是影響插畫魅力的重要因素。構圖並不只單純決定角色擺放的位置，還需要細膩描繪出姿勢，考量運用攝影法則，如此搭配多種技巧才能「構成」畫面。

構圖「類型」說明

繪畫和照片在構圖上，有各種經典的「類型」，可讓多數欣賞的人容易感受其中的「美感」，體驗當中的「魅力」。這邊我們將為大家介紹幾種常見的類型。

圓形構圖

這種類型是在畫面的正中央分別畫出一條直線和一條橫線，將角色以及主要配件配置於中央的構圖。因為形似日本國旗，所以又稱為日之丸構圖。想突顯主角或是想給人威風凜凜的感覺時，運用這種經典類型，就可以營造出想要的效果。但是，有時因為只將角色描繪於正中央，而讓人覺得了無新意，感到無趣。這類構圖也不適合運用留白處為畫面創造效果。

主角醒目！也顯得無趣

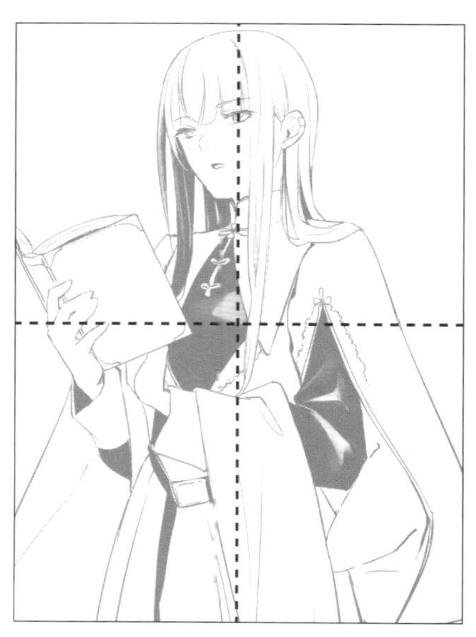

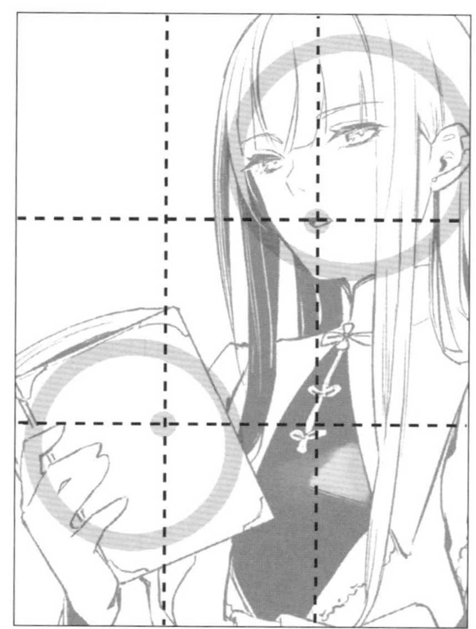

三分法構圖

這種類型是將畫面分別由橫向和縱向劃成三等分，將角色和小道具配置在縱橫交會點上的構圖。若覺得圓形構圖過於無趣，將角色從中央稍微旁移成此種類型，就可以讓插畫變得更出色。三分法構圖簡單又可運用在各種場景，若不知如何選擇，可以先試試將畫面改成這種構圖，說不定會有很好的效果。

容易上手、效果絕佳的技巧
可運用於各類插畫場景

黃金比例構圖（Phi Grid）

這是美術界經常運用的類型，以黃金比例為基礎，這類構圖可以讓觀賞的人感受到美感。先描繪出1：1.618（若難以劃分，也可用5：8的比例）的分割線，在縱橫交會點上配置小道具。也可以和三分法構圖一起試畫，再看看哪一種較為適合。

名畫常用的美學比例
需要熟悉比例的拿捏

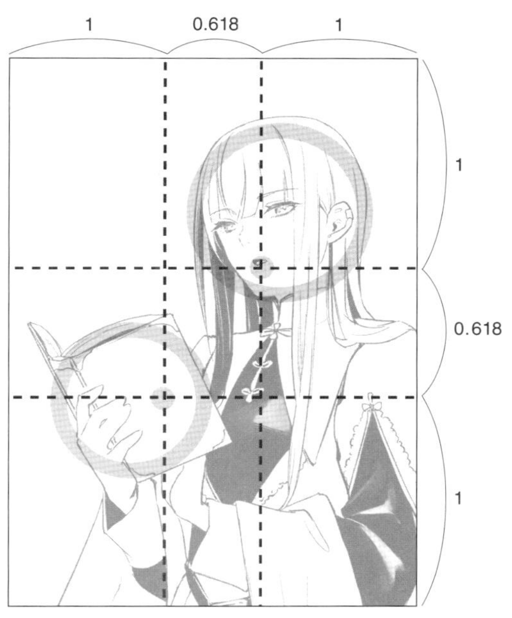

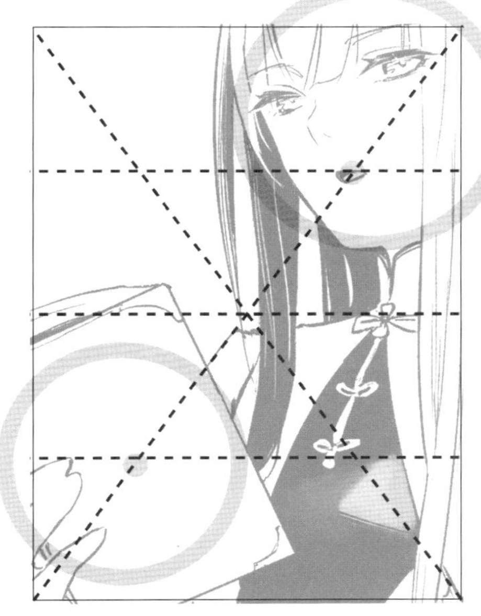

RAILMAN 構圖

這種構圖類型是將畫布較長的一邊分為四等分，將角色和小道具配置在對角線與四分線交會點上。原本是拍攝鐵路照片常用的攝影法則，與三分法構圖和黃金比例構圖相比，交會處的位置離畫面中央較遠，所以如果除了角色也想突顯背景時，很適合使用這種構圖類型。

主角與畫面中央稍有距離
同時生動展現角色和背景

POINT

沒有完全在交會點上也OK！

畫面的分割線以及交會點，只是一種大概的基準線，讓創作的畫面容易讓人覺得「好看」。沒有一定要將角色臉部的中央或想突顯的小道具，完完全全、絲毫不差的放在交會點上。

另外，也沒有規定哪一種場景的插畫，就一定要用哪一種畫面分割的構圖類型。只要覺得「好像有點不適合」，就再試試看其他的類型或是增添繪畫元素，最重要的是「打破構圖類型」，多嘗試錯誤、不斷實際運用。

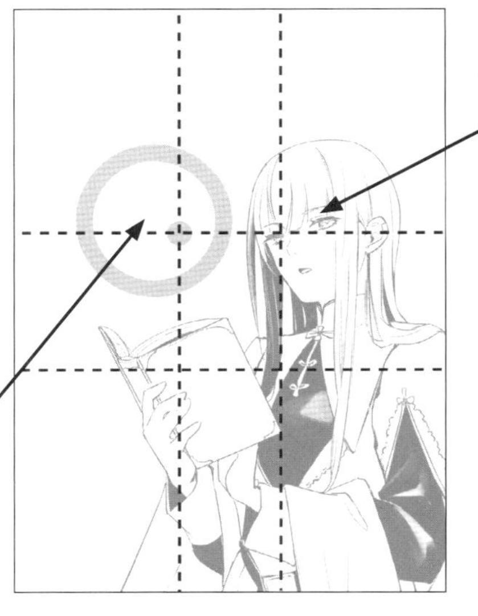

構圖類型活用

[1] 圓形構圖

突顯主角、表現充滿張力的畫面

這是將主角配置中央的構圖，多用於以角色為主軸的插畫。相反的，缺點就是畫面簡單、容易讓人感到無趣。可多一點心思描繪出人物服裝或髮型，勾勒成飄動等比較複雜的線條輪廓，讓畫面不顯無聊。

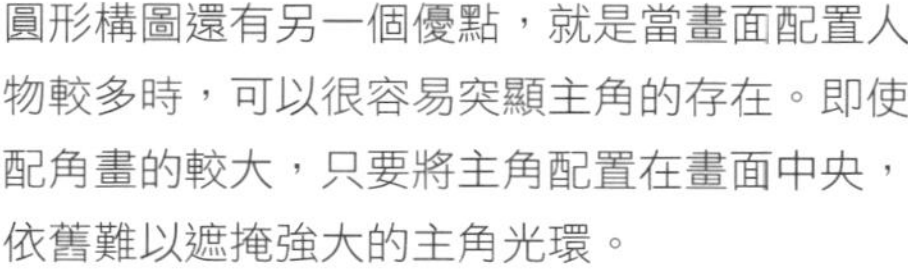
圓形構圖還有另一個優點，就是當畫面配置人物較多時，可以很容易突顯主角的存在。即使配角畫的較大，只要將主角配置在畫面中央，依舊難以遮掩強大的主角光環。

這張範例是以圓形構圖配置角色，再以裝飾點綴成圈（彩色範例請參考P7）。畫面張力較薄弱，但連畫面角落都細細描繪，仍是一張值得欣賞的插畫。

比較不適合動態表現

使用圓形構圖，比較不容易展現動態感的畫面，好比騎馬馳騁的躍動感（左圖）。若將主角稍微移開畫面的中心，運用黃金比例構圖等，就可以展現出動態畫面（右圖）。不但顯出空間寬廣的開闊感，還能感受到地面遼闊的景深。

戲劇性表現「即將」的瞬間截圖

圓形構圖雖然比較難表現出動態感的畫面，但卻可以畫出激烈動作瞬間停止的「即將」場景，讓畫面充滿戲劇性效果。左圖是蓄勢待發、揮劍砍下之前，「即將」的瞬間。這樣的畫面構成很容易讓人聯想到後面將出現致命的一擊。

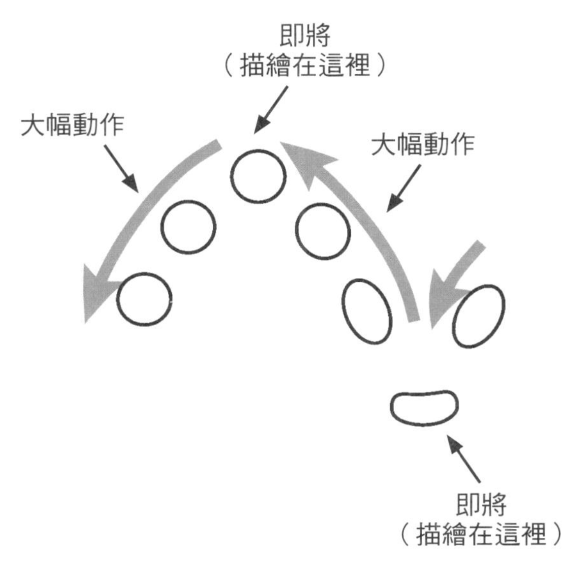

[2] 三分法構圖

適合畫面完整協調的插畫創作

這是畫面從橫向、縱向分成三等分，將主角和小道具置於交會點上的三分法構圖。角色和小道具可以配置於畫面全體，完整協調。右邊插畫以縱向的分割線，劃分了角色和小道具的區塊並利用構圖的技巧，提升畫面整體的好看度。

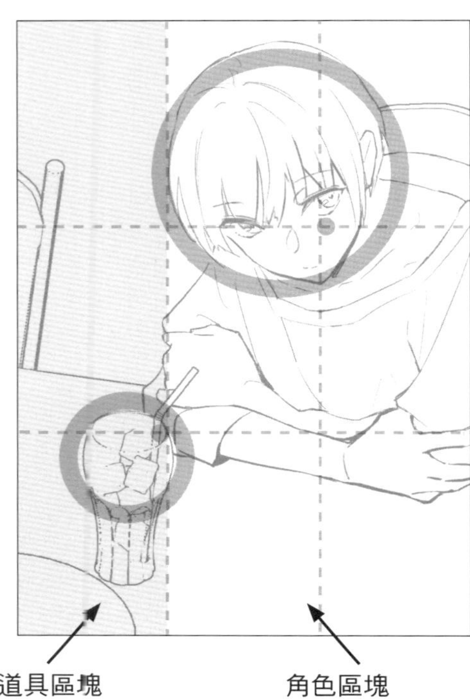

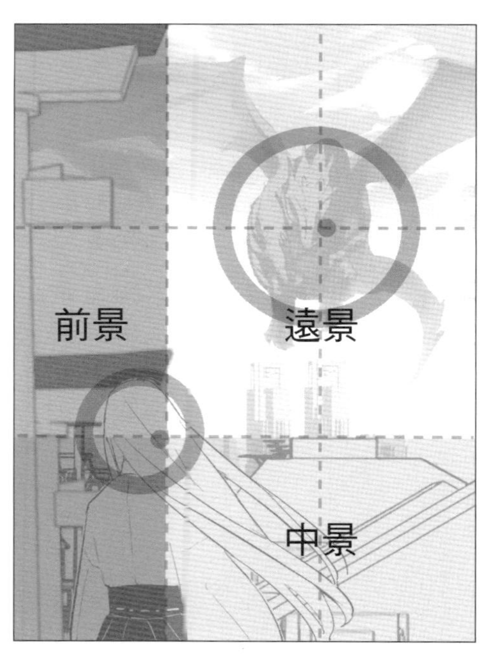

上圖用三等分的切割線，描繪出了「前景（前面的景色）」、「遠景（遠處的景色）」、「中景（中間景色）」，讓人感受到景深的同時，藉由縱向與橫向的分割線，為插畫增添安定感。

可加深角色與背景的印象

這是一張在三等分切割線的交會點上，配置角色與建築物的範例插畫。運用仰望視角（仰視）的攝影法則，可讓建築物大面積放入畫面，方便描繪出角色和建築物皆是插畫主角的畫作。

這是一張將角色大面積擺入畫面，在三分切割線的交會點上，配置主場景鐘塔的範例插畫。橫幅擺放的畫面，可拉寬場面背景，容易描繪營造出景深的插畫。

加入插畫標題時

三分法構圖可以在畫面整體配置角色和小道具，另一方面可能比較難將插畫標題融合於畫面中。大家可以試著有技巧地將標題放入角色和小道具以外的空隙（左圖），或是緊貼設計在三分切割線上，也是個不錯的作法。

[3] 黃金比例構圖（Phi Grid）

適合畫面充滿強烈動作張力的插畫創作

這是一張以1：1.618分割的黃金比例構圖，與三分法構圖相比，主角較靠近畫面中央，若想同時展現出躍動感與圓形構圖的情緒張力，則很適合將此構圖運用於插畫中。這張圖的左側留下空白，是為了讓人想像「角色後續可能的動作」，刻意設計的小巧思。

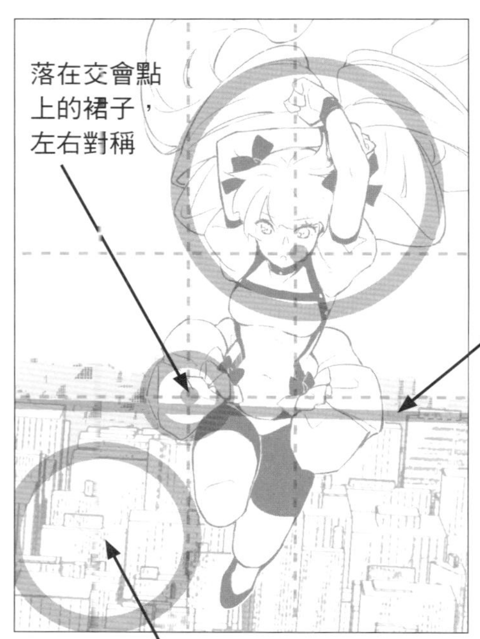

分割線的交會點上，如果都配置了角色和小道具，缺少「留白」，會讓插畫少了一些動態感。如果能有意識地配置於對角線的交會點，或L字型輪廓上，可避免這樣的疑慮。

這張範例插畫，未能留意在對角線的交會點上配置角色。是不是讓你很想在左側空白添加 LOGO 和裝飾？或是將裙襬或披風的落點，延伸描繪在左下角的交會點上，也可以讓整體畫面更加協調。

可適當的留白，便於加入標題

黃金比例構圖的交會點比較靠近畫面中央，所以容易將標題擺放在外側留白處是其特點。漫畫扉頁畫和同人誌的封面等，可試著在畫面空白處，放入標題 LOGO。

畫面讓人感到過於擁擠時

利用黃金比例配置角色和背景時，角色臉部若和建築主體的距離過近，會給人畫面擁擠的感覺。這個時候，建議使用交會點間距較開的三分法構圖或是 RAILMAN 構圖。

[4] RAILMAN構圖

適合利用風景的繪圖創作

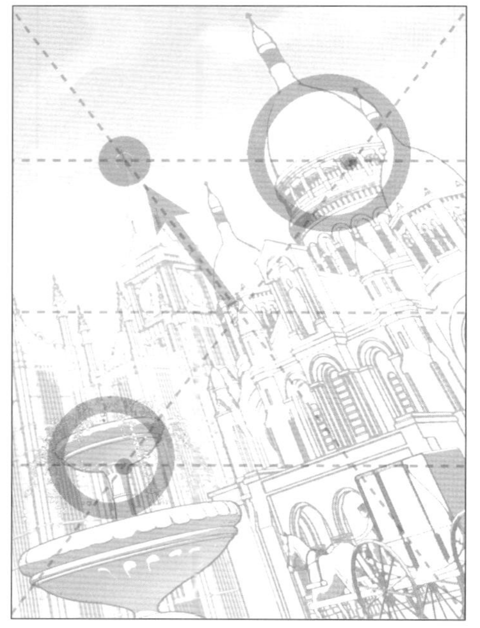

RAILMAN 構圖就是將畫面較長的一邊分為四等分，將角色和小道具配置在對角線與四分線交會點上的構圖。很適合用於想更加突顯建築與自然之美的場景。這張圖例運用「仰望視角」的攝影技法，在交會點上配置了噴水池與建築圓頂。這邊的技巧是相機傾斜，引導視覺沿著鐘塔屋頂的對角線，將視線落在景深處。

比起角色，更想將背景當作插畫主角時，最適合運用 RAILMAN 構圖。這類構圖的交會點偏畫面中央的外側，將角色配置於可以拉寬背景空間。

可以運用在純風景的插畫，因為可以營造建築物和自然景象的壯闊，在上面添加人物角色的描繪也有很好的呈現效果。

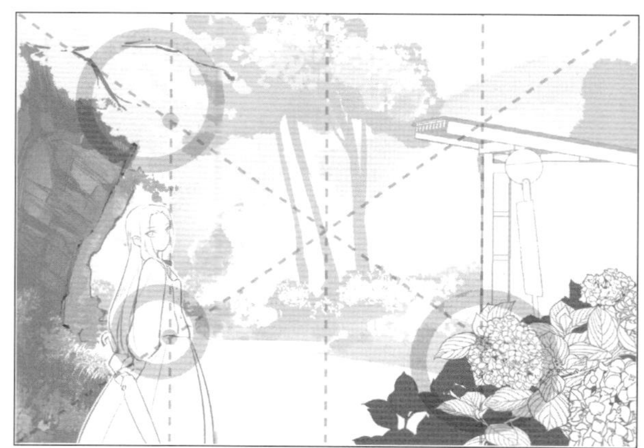

活用留白創作出具戲劇性效果的場景

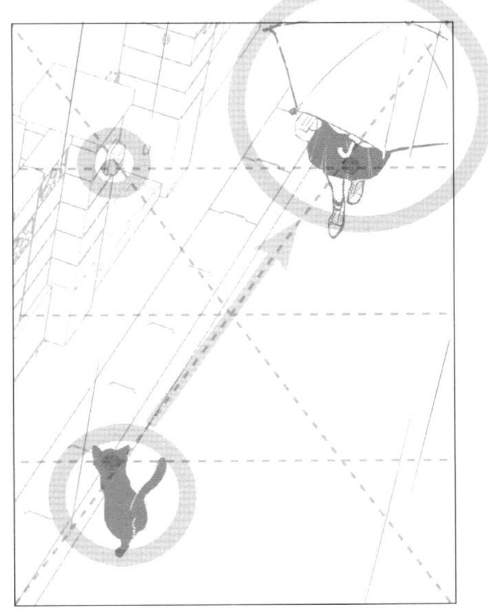

將鏡頭拉開到距離角色較遠的位置，大膽的以俯視或仰視的角度，運用留白的技巧，就可以營造出充滿戲劇性的場景效果。這張範例，在對角線的交會點上配置了少女和貓咪，道路也沿著對角線描繪。少女和貓咪之間大範圍的空白，讓人產生緊張感和感受到可能發生的戲劇張力。

搭配圓形構圖的範例

RAILMAN 構圖的交會點靠近畫面外側，中間會產生空白。如果搭配將主角配置於中央的圓形構圖，也可創作出畫面整體協調的插畫。

這張範例以 RAILMAN 構圖為背景，利用圓形構圖將角色配置於中央，充分展現了風景與角色。

大家也可以試著在 RAILMAN 構圖的畫面中央，利用圓形構圖放入標題。

配合構圖類型的畫面裁切

除了配合構圖類型繪圖之外，還有另一種方式，就是裁切（剪裁）繪製好的插畫，再與構圖重新組合搭配。數位插畫的剪裁和移動相對簡單，所以特別想將這種技巧推薦給電腦繪圖的人士。

方形畫面上幾乎都是角色的描繪，典型的圓形構圖，給人有點普通的感覺。

套用在黃金比例的類型，取得畫面的協調。在空白處加上標題，就超適合當作漫畫扉頁畫和同人誌的封面。但是仍然覺得「想再增加一點衝擊力！」

用黃金比例構圖大膽裁切畫面

大家試著果斷大膽的裁切畫面吧！左圖是將畫面聚焦放大的範例，把角色下巴和蝴蝶結的落點，放在黃金比例格線的交會點上。隱藏了角色的部分眼角，反而有引人注意的效果。右圖是將畫面更加聚焦放大的範例，這次是把角色眼睛以及鼻子的落點，放在黃金比例格線的交會點上。好像在用一隻眼睛直視窺探一般，強調出角色眼神的力道。不論是哪一幅插畫都展現出角色的魅力，但其實是利用角色的一部分設計裁剪出的裁切插畫。這種方式很適合運用在藝術時尚氛圍的作品。

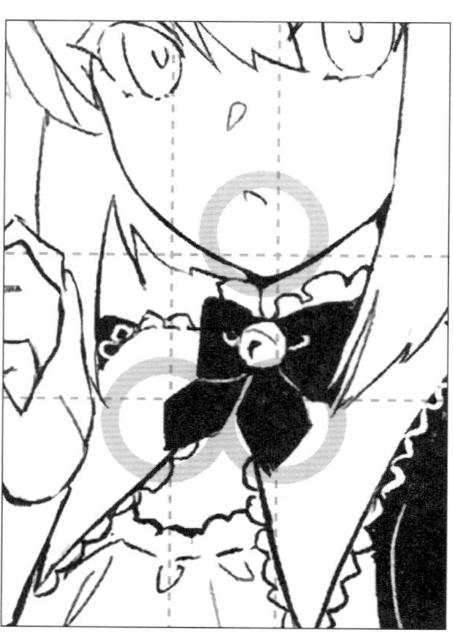

三分法構圖和 RAILMAN 構圖的畫面裁切

左圖是利用三分法構圖的類型，將眼睛和蝴蝶結落在交會點上的裁切範例。這張插畫的右邊留白，營造出有點意味深長的氛圍。右圖是利用 RAILMAN 構圖的裁切範例。這張插畫的左邊留白，創造出另一種感覺。大家試試各種裁切方式，看看甚麼樣的裁切方式，會散發出甚麼樣的效果，慢慢摸索出自己想呈現的插畫吧！

POINT 正宗的圓形構圖，可將整體畫面聚焦在臉部和胸部以上

左圖範例將角色胸部以上（胸線以上）都配置在畫面內。右圖則是以臉部為中心，想表現整張臉的裁切範例。表現張力雖然稍弱，但都是能充分散發角色魅力的插畫。如果是漫畫扉頁畫或雜誌的封面，這樣的裁切範例就是一種經典類型。

典型的裁切範例以及大膽的裁切範例，都有各自的優點，請大家依照自己想傳達的畫面，選擇合適的裁切手法即可。

形成構圖的「框架比例」

除了構圖的「類型」，試著加入可以引導觀賞視線的「框架比例」，如此可以創作出更令人欣賞的畫面。這邊將為大家介紹三角形、圓形、黃金螺旋等基本幾何圖形的框架比例。

三角形

此框架比例將觀賞視線集中於三個頂點的效果，正三角形給人安定感；微微傾斜的三角形，可演繹出躍動感與不確定感。橫向傾倒的三角形則可創造出與對角線相似的效果。

圓形

此框架比例可將觀賞視線引導在圓滑曲線上，自然看遍整體畫面。不需要將畫面塞滿繪圖元素，只要順著目光就能有期望的效果。

對角線

這是將視線沿著對角線延伸的框架比例，可讓人感到景深，讓前面的繪圖元素看似衝出畫面一般，靈活展現各種效果。

黃金螺旋

這是依照黃金比例（1：1.618）描繪的螺旋型框架比例。將視線從旋渦的中心引導至螺旋尾端。

框架比例的活用

[1] 三角形框架比例

吸引觀賞視線至三個頂點

沒有傾斜的三角形框架比例，給人安定、不動如山的感覺，吸引觀賞視線至三個頂點，如果在頂點附近配置角色或繪畫元素，就可產生預期的效果。上面的兩張圖中，角色的頭部位置稍有高低的差異，就能構成一幅主從關係明確的繪圖。

這是利用透視法（遠近法）的一點透視範例。描繪出三角形框架比例，將主角配置在消失點上。觀賞視線就會集中在角色的那一點上，讓插畫給人強烈的印象與非比尋常的感覺。如右圖般，角色被門窗包圍，構成舞台的一個場景。

三角形框架比例給人安定的感覺，描繪了許多的角色或小道具，繪圖仍具有整體感。這張插畫，故事的主要人物繪製在頂點，接著再透過該人物的目光，曲折配置其他配角，在斜向、橫向加入繪圖元素，利用這些多向的設計巧思，讓視線不是單一直線走向。

沒有傾斜的三角形框架比例，給人安定的感覺，另一方面也容易給人缺乏動態感的印象。這張圖讓衣服曲折流動，更在背景加上橫向移動的效果，利用這些技巧讓畫面不顯單調。

三角形橫向配置，可讓目光聚焦於同一方向

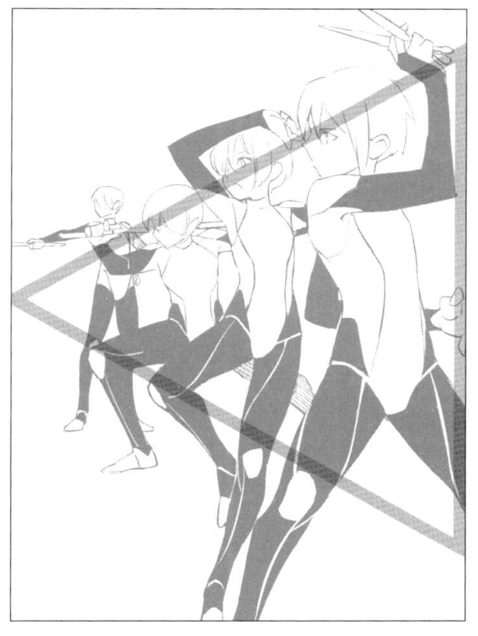

將三角形框架比例橫向配置，會讓人產生如箭頭般，朝向一方的感覺。上圖插畫，角色並列齊向三角形頂點的方向，散發出團隊的團結感。如果將角色全身收在三角形的內側則會過於窘迫，可以多配合其他技巧，例如角色膝蓋的落點，沿著三角形邊線描繪其上，就可以避免畫面的窘迫感。

這張插畫範例在橫向三角形上，配置對立的兩方。頂點對頂點，表現出兩團隊對立的場景。如果不是團隊，描繪1對1時，例如武器相接的場景等，也可以用 X 型框架比例，創作出對立的畫面。

[2] 圓形框架比例

吸引觀賞視線看遍畫面整體

圓是由曲線所構成，所以是一種容易讓觀賞視線流動的圖形。使用圓形框架比例的時候，會引導觀賞視線隨畫面整體移轉，而不是單一方向。右圖是圓形框架比例超出畫面的範例，角色臉部沿著圓形曲線配置，目光自然滑過所有成員的臉龐。

這是從傾斜的三角形框架比例，發展成圓形框架比例的範例。觀賞視線隨著圓形線條的牽引，自然滑過三人的臉龐。

即使是單一角色，還是可以利用頭髮或裝飾構成引導視線的圓形。畫面只有單一角色時，繪圖設計在胸部以上（胸線以上），就很容易利用圓形框架比例構圖。

配合圓形框架比例，角色頭部併排後，還可以利用角色的身體構成流動曲線，發展成黃金螺旋框架比例，創作出比圓形曲線起伏更大的構圖。

這個範例，是利用從圓形拖曳出一條長尾，形成 9 字型的框架比例。圓形區塊描繪的部分吸引視線停留較久的時間，所以需要更細膩勾勒出精巧的繪圖。

這個範例是利用 6 字型的框架比例。繪圖的下方是以圓形終結的區塊，也是視線停滯地帶，所以很適合在這裡為繪圖做個小小的收尾。

這個是結合 9 字型和 6 字型的範例。視線往尾端轉移至其中一個圓，又被另一個圓吸引，視線不斷往來循環，流動移轉。

[3] 黃金螺旋框架比例

從聚焦到分散，可創造起伏感的畫面感

黃金螺旋的框架比例中，視線會從漩渦的中心點，移轉到線條和緩的尾端。在上面的範例中，觀賞的視線會先集中在臉部，而後緩緩分散到螺旋的尾端。

這張範例中，角色的臉部和建築的細節，沿著黃金螺旋框架比例繪出。這會讓視線從角色臉部自然移轉至繪圖前面的區塊，所以在這裡配置講台，點綴此畫面區塊。

這張插畫範例，角色身體圓弧部分，沿著黃金螺旋的框架比例繪出。背部拱身的圓弧姿勢與黃金螺旋框架比例的弧線恰好吻合。

[4] 對角線框架比例

可創造出景深、動態與流動的畫面感

這張範例，是畫面斜向橫切的對角線框架比例。上圖中，利用對角線上的風鈴配置，讓視線從前面轉移至畫面深處，創造出可感受到景深結構的繪圖。再搭配黃金螺旋框架比例，讓視線集中至女孩的臉龐。

對角線框架比例，最適合用在如仰角拍照的構圖。沿著對角線描繪建築輪廓，將想突顯的角色和建築配置在對角線上都很適合。

對角線框架比例加上 S 形，更能營造出景深空間。在這個範例中，對角線的右上為遠景，左下為近景，加上 S 形的海岸線，讓畫面呈現更寬闊的景觀。圖中角色由左向右在空中移動，看起來就好像正在天空優游翱翔一般。

構圖與姿勢

不只是角色的畫面配置，多練習描繪姿勢也可創作出魅力十足的插畫。除了姿勢擺動，讓我們一起來看看有哪些小技巧，可以讓服裝和小道具設計，為插畫更添色彩。

活用於構圖的姿勢

請大家看圖❶，先不考慮構圖，就只是一張將站立的女性描繪在畫面中央。觀看這幅圖的人，首先視線集中角色臉部，接著移轉落至腳下。瞬間掃視，是一幅有些單調的繪圖。

❶

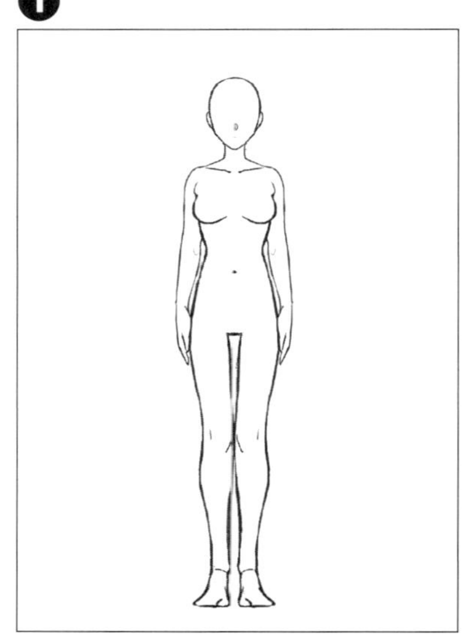

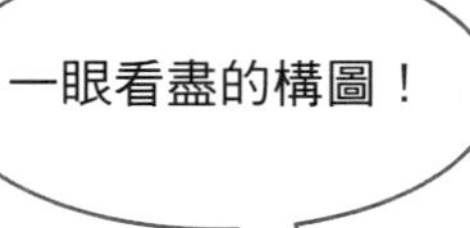

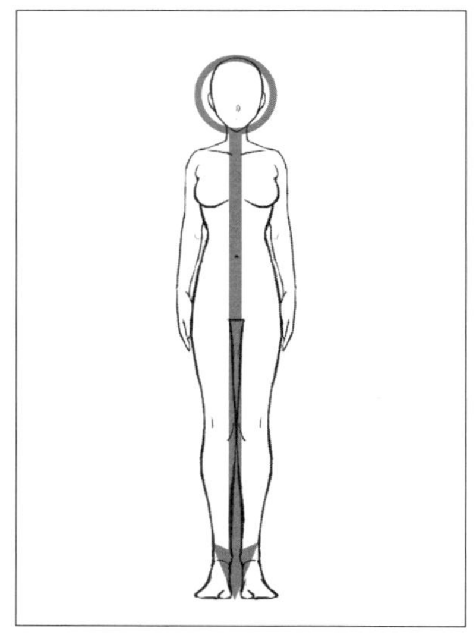

接著我們來看，如果像圖❷一樣，將角色的手描繪成打開的狀態，是不是就很不同？角色輪廓描繪成菱形，觀賞視線除了縱向直線，還會自然地往左右延伸。與圖❶相比，就少了一點單調。

然而，敞開雙臂的姿勢或許有些誇張，那麼試試改成手擺腰間的姿勢（圖❸），這樣一來，是不是就自然多了。

❷

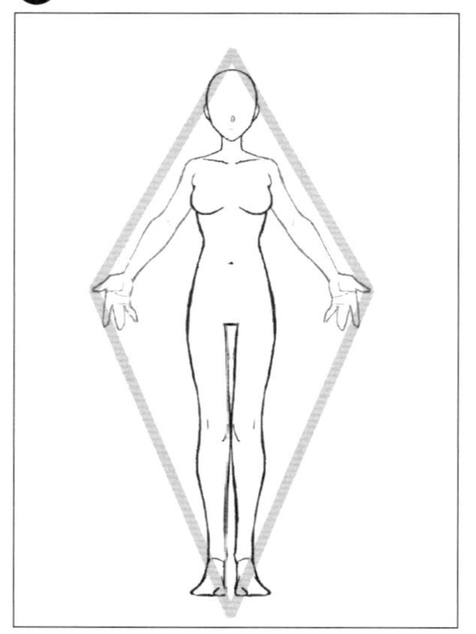

❸

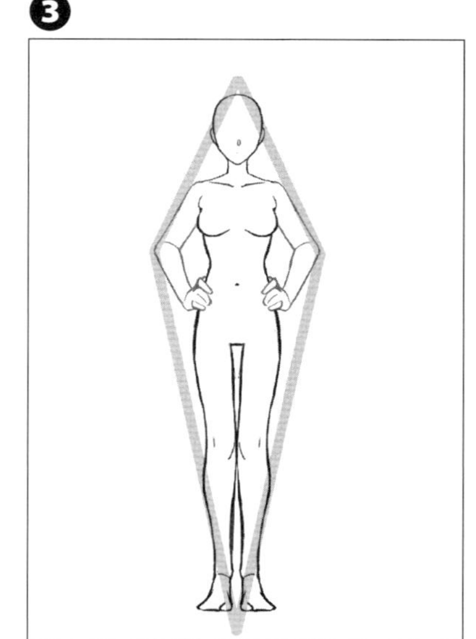

我們再進一步改變左右手的動作（圖❹），左右手腕畫在高低不同的位置，大家的視線是不是自然而然地從碰觸頭髮的動作，轉移到手放腰間的動作呢？只要運用這類技巧，就會從「單調畫作」變成「目不轉睛的佳畫」喔！

❹

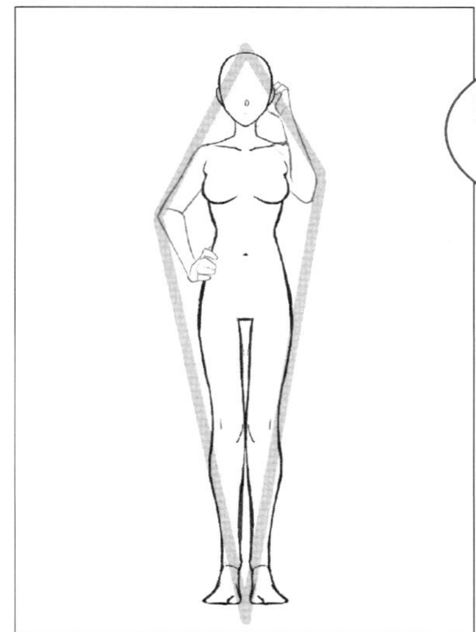

動作好可愛！

想知道是甚麼樣的女孩？

POINT 試著描繪讓人不覺單調的輪廓吧！

除了菱形之外，大家還可以多多利用其他形狀，繪製出讓人不覺得單調的畫作。這邊以女性姿勢當作輪廓創作的例子，讓大家參考了解。

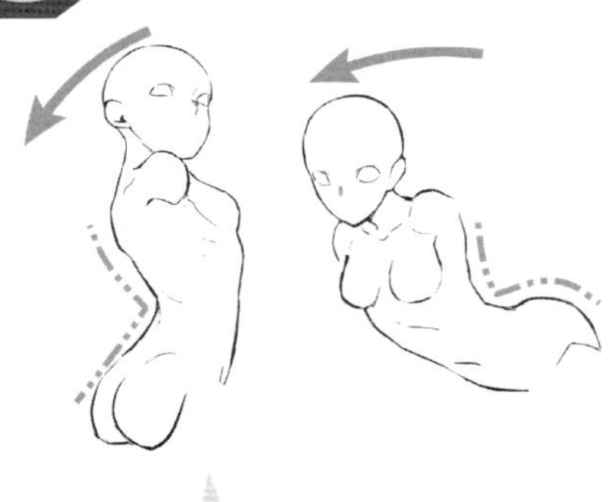

①將身體擺動成斜向或橫向，很容易繪製出左右不對稱的輪廓。背後如同勾勒出「く」字線條，畫出向後凹的前傾姿勢。

②腳抬高彎起或呈八字打開，可創作出威風且較大的輪廓。

③我們更進一步加上手部的動作，創作出視線往左右移動的輪廓。將一隻手彎曲，另一隻手延伸，就可以讓動作更顯自然。

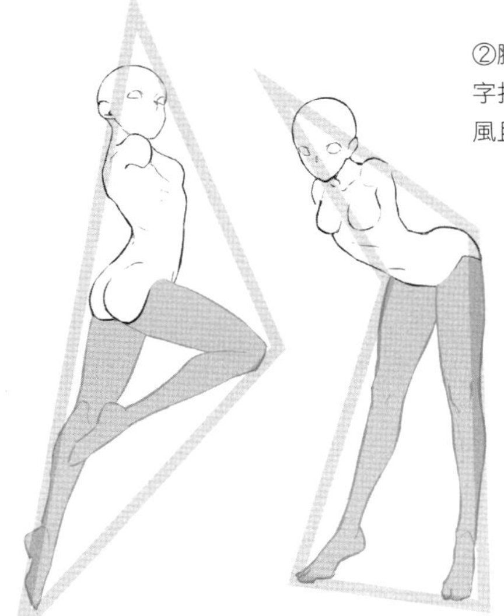

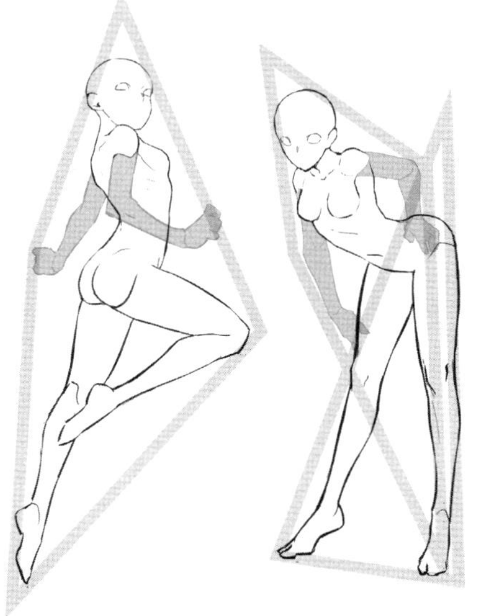

小道具或妝髮添綴

前面一項，利用將人物姿勢調整成菱形的技巧，讓觀看者不覺單調。這邊我們將利用小道具、髮型、服飾的設計添加，讓插畫更加出色。

小道具（武器）

手持手杖或武器等小道具，就可以增加姿勢的多樣化，形成更加複雜的輪廓（圖❺、圖❻）。手執手杖，就可描繪出賢者等智慧型的角色；手持長劍，看起來就像是戰士等勇敢的角色。

❺

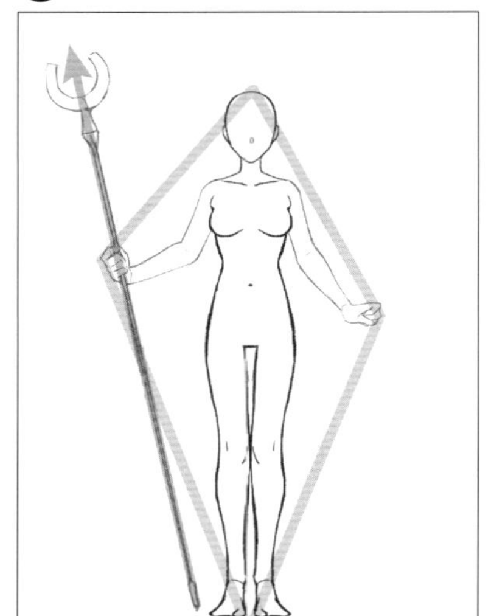

❻

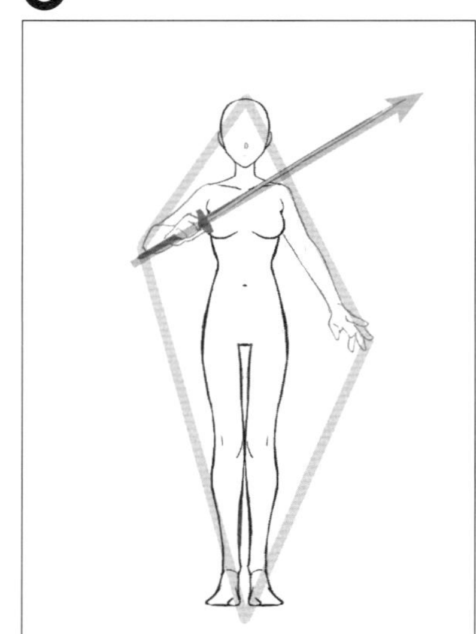

髮型

以髮型為插畫加分的方式也不少。在圖❻的角色中，加上超長雙馬尾，增加了畫面整體的構成元素，變成更不單調的繪圖（圖❼）。但是頭髮左右對稱，似乎又少了一些流動感，如果是想畫一幅威風凜然的插畫還算適合，卻不能散發輕快活躍的劍士氣質。

❼

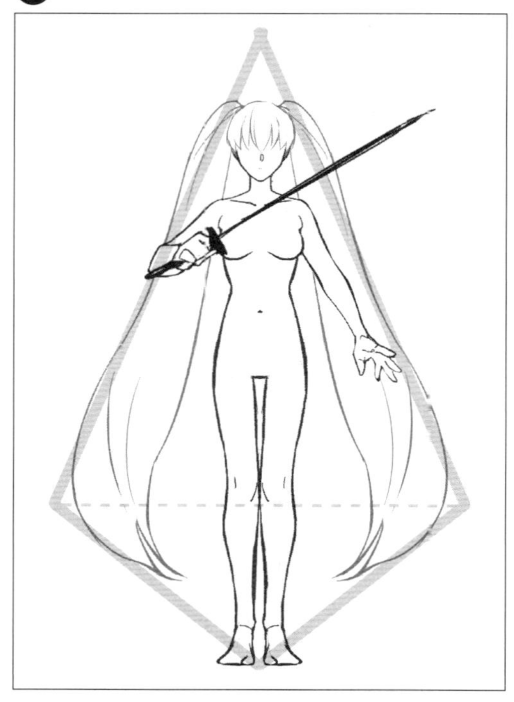

因此，把頭髮改成左右不對稱，飛揚長擺的樣子（圖❽）。如 8 字型般膨脹的輪廓，平衡畫面，也增加繪圖的動態感。

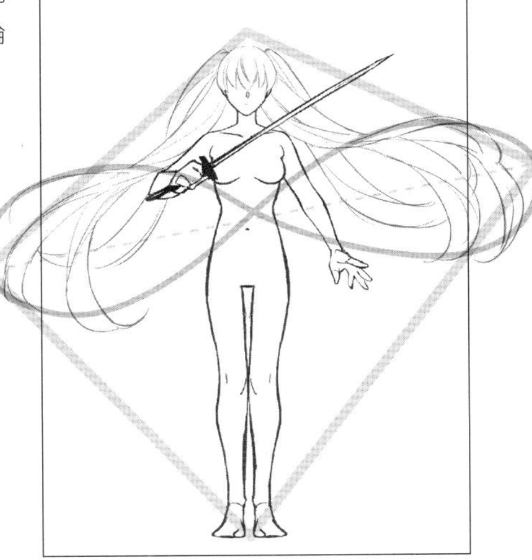

描繪長髮飛揚的時候，如果畫出飄捲的樣態，能表現更大的分量與動態感。右圖是頭髮飄捲的描繪範例。髮束飄捲或是相連的分量越多，越具有引導視線的效果。

圍巾

除了髮型，我們來介紹服裝的設計。這張是將圍巾以彎曲飄揚的方式描繪出來的插畫（圖❾）。柔順飛揚的長髮，搭配上彎曲飄動的圍巾，更為角色添加帥氣的英雄氣概。

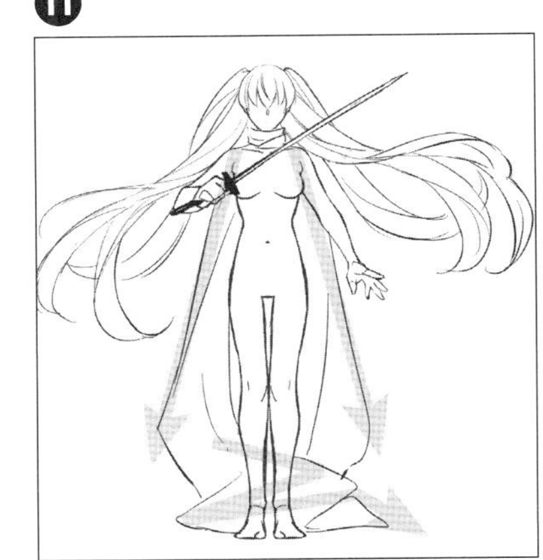

改變圍巾繪法就會改變插畫的氛圍。圍巾以 S 曲線描繪，給人優雅感受（圖❿）；如果描繪成 A 字型，長襬拖地，則給人穩重的感覺（圖⓫）。

披風

這是利用披風代替圍巾的創作範例（圖⓬）。與圍巾相比，披風飄動的自由度稍小，但是大面積布塊產生的分量感，很容易展現出華麗與威嚴。強風吹拂隆起的披風，讓角色更添英雄氣概。如果以 A 字型自然垂落，則給人厚重感（圖⓭）。

⓬

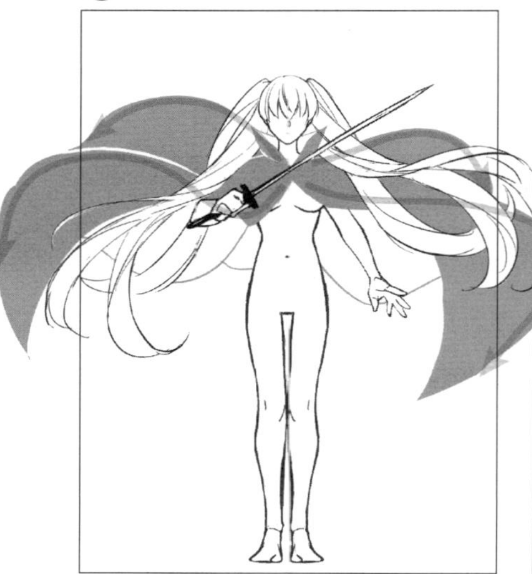

⓭

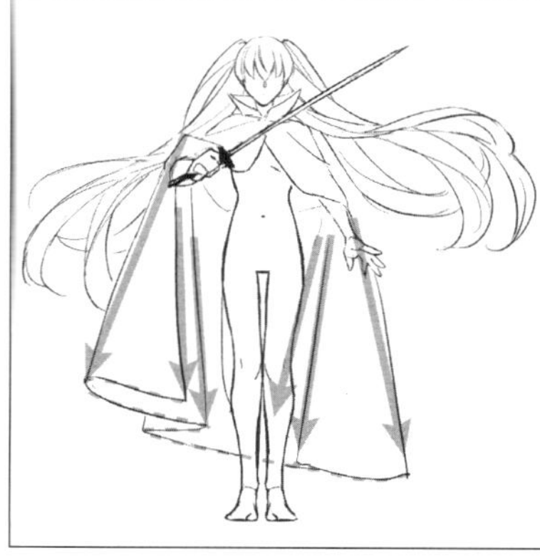

裙子
長外套

這是利用長裙或長外套，表現華麗或動態流暢的插畫範例（圖⓮）。只能從腰部以下做出動態繪圖，自由度較低，需要利用頭髮或其他小道具加以輔助。

⓮

長度較短的裙子，可以利用大裙襬展現華麗（圖⓯）。也可以試試蓬裙（下襬蓬鬆的裙子）或緞帶等搭配。

男性角色則可利用長外套來代替裙子，演繹出華麗風範（圖⓰），也很適合加入開衩或百褶的樣式，設計成整個衣襬翻飛的繪圖。

⓯

⓰

背景加入與裝飾添綴

考量到畫面整體構圖，不只是角色姿勢，背景描繪也相當重要。悉心描繪背景或裝飾，可大大提升插畫的完整度。

大的圓形（9字型）裝飾

這是在畫面上方加入大圓裝飾的範例（圖⓱）。裙子或服裝的設計，沿著大圓裝飾斜下流動，可將觀賞視線引導至角色的腳下。

⓱

⓲

環繞角色的方形裝飾

這是將角色周圍框成門形般的裝飾範例（圖）。因為是直線圍繞，給人井井有條的感覺。

⓳

斜向橫越畫面的裝飾

角色的後方，配置了斜向橫越畫面的裝飾（圖⓳）。可讓人感覺畫面的動態感，與圖⓲的厚重感相比，給人輕快的印象。

構圖與攝影法則

「攝影法則」決定了角色和風景的拍攝角度，也是構圖的重要元素之一。

攝影法則下的情緒與場景表現

角色心情開朗或鬱悶，場景歡樂或晦暗，只要利用「攝影法則」技巧就可以清楚傳達給觀看者。

哪一張繪圖的大魔王看起來比較可怕？

A

B

Ⓐ圖和Ⓑ圖中，哪一個頭戴大武士帽的角色，看起來更像是強大的壞蛋？即使角色位置配置相同，Ⓑ圖中後方的魔王，以攝影法則的仰望視角（仰視）描繪，更能強調出魔王的威勢。想表現強悍角色或大型建築給人的壓迫感時，請多多善用仰望視角的攝影法則。

哪一張繪圖可讓人強烈感受到少女的孤獨感？

A

B

角色配置在較遠的位置，Ⓑ圖中的少女，以攝影法則的俯瞰視角（俯視）描繪，更能強調孤獨感。周圍環境也會顯得很清楚，所以很適合用在說明畫面，或是客觀視點的表現時。Ⓐ圖和Ⓑ圖中，哪一個在雨中漫步的少女，更有孤身一人的感覺？

哪一張繪圖的角色看起來充滿負面情緒？

A

B

角色正面沒有留下空白的攝影法則，使觀看者感到心情閉塞。即使是同一個角色，🅑圖看起來比較處在負面情緒的氛圍中。背後留白的攝影法則，也可以用在甚麼東西會突然現身的恐怖場景中。

A

角色朝向也可以表現出負面情緒。與角色朝左看的🅐圖相比，朝右看的🅑圖比較有轉身向後的感覺。

B

哪一張圖讓人感到威嚴和穩重？

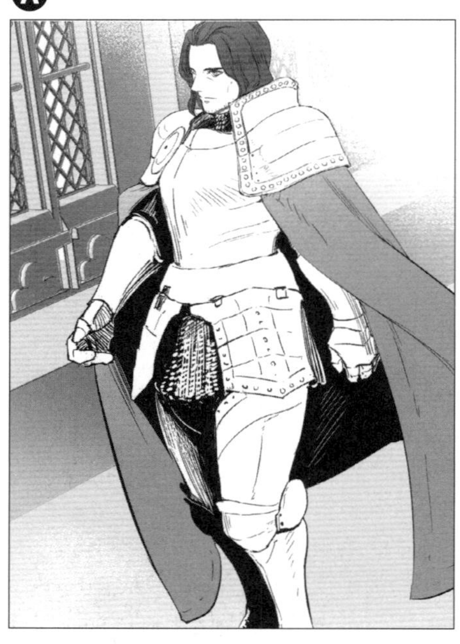

A圖是由右往左描繪，這種攝影法則有一切順利、英姿颯颯之感。相反的，B圖是由左往右的描繪，給人沉重感。這種攝影法則除了可表現出缺乏幹勁、腳步沉重等負面情緒，也可以演繹出穩重威嚴的氛圍。

哪一張圖讓人感到充滿不安的情緒？

A

與畫面角色直挺而立的A圖相比，B圖是相機斜傾拍攝的畫面，更能表現出角色懷抱不安與內心動搖的情緒。角色內心動搖的情緒表現，可以淡化仰視攝影法則的壓迫感。

各種攝影法則

這邊要向大家解說的，是常使用於拍照與電影的攝影法則。如果將「構圖類型」或「框架比例」，與這些攝影法則相互結合，就可以創造出更豐富多元的插畫。

拉近和推遠

拉近：積極

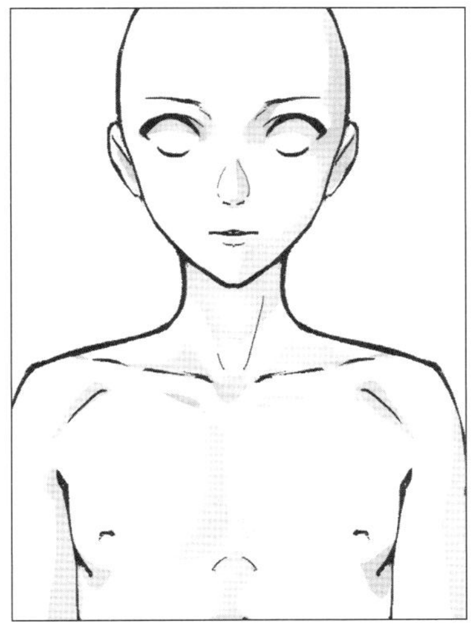

拉遠：消極

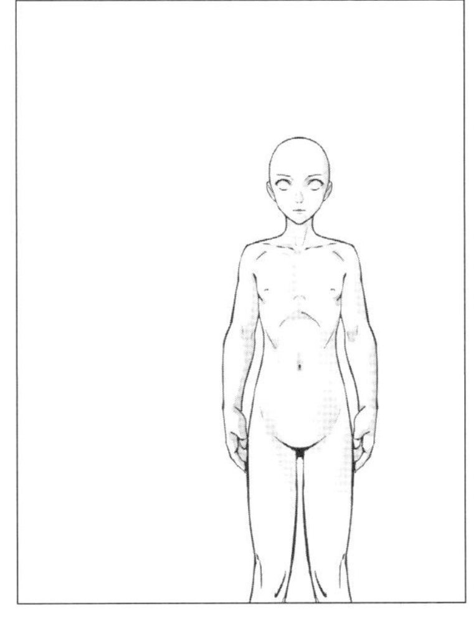

「拉近」是將相機移近，把拍照對象放大拍攝。另一方面，「推遠」就是將相機移遠，使拍照對象影像變小。拉近攝影可以讓角色顯得積極有力量，推遠攝影則會讓角色顯得消極冷靜。

望遠和廣角

望遠 輪廓較不會變形且近景和遠景相重疊

廣角 視角廣闊，輪廓會稍微變形

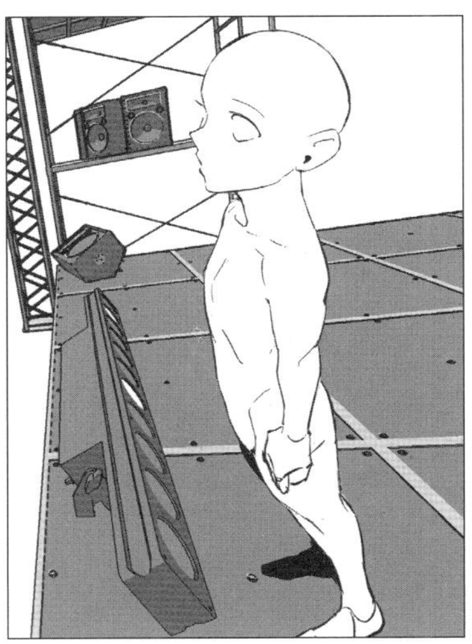

以「望遠」鏡頭攝影，可拍出近景和遠景相疊的狹窄範圍，讓畫面有臨場感。另一方面，「廣角」鏡頭攝影可拍出廣闊範圍，讓畫面扭曲，呈現獨特風格。

畫面裁切

突顯眼部，展現意志

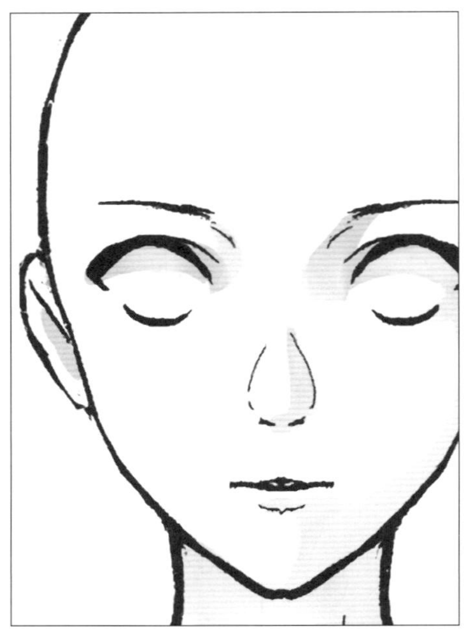

實際上拍照攝影時，也會使用到 P22〜23 曾介紹的裁切（剪裁）手法。這裡為大家介紹，突顯眼部和遮住眼部的裁切範例。將眼部放大突顯，可以讓人感受到角色強烈的意志。相反的，遮住眼部就會讓人感受到角色隱藏真心的神祕感。

遮住眼部，氣氛神秘

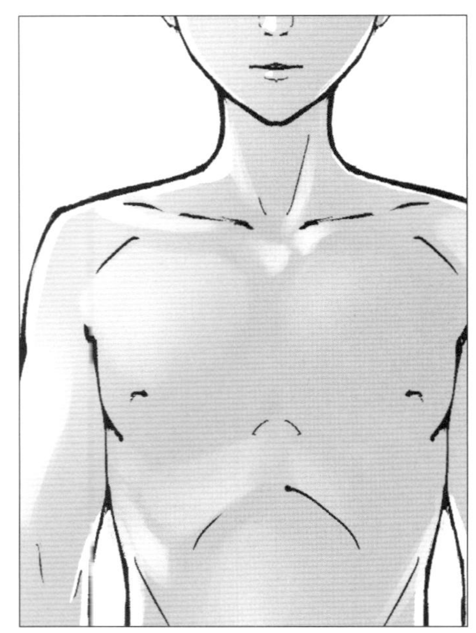

順光與逆光

順光　明亮、標準

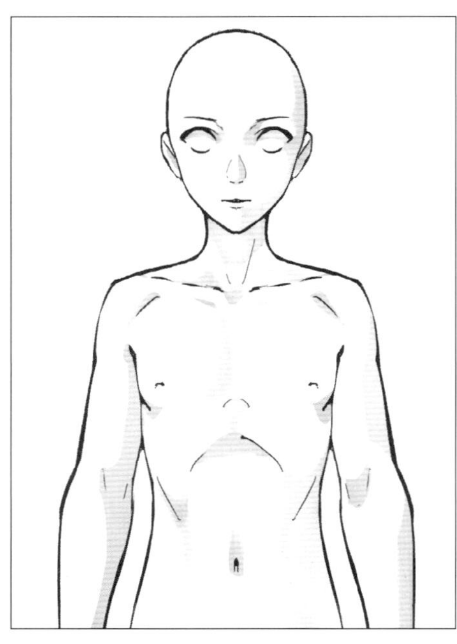

「順光」就是攝影的對象正面朝光。「逆光」就是背後朝光攝影。順光攝影的圖給人明亮爽朗的感覺。背光攝影身後背負的光源，會引發觀看者的預期心理，期待各種戲劇性的發展。

逆光　戲劇性效果

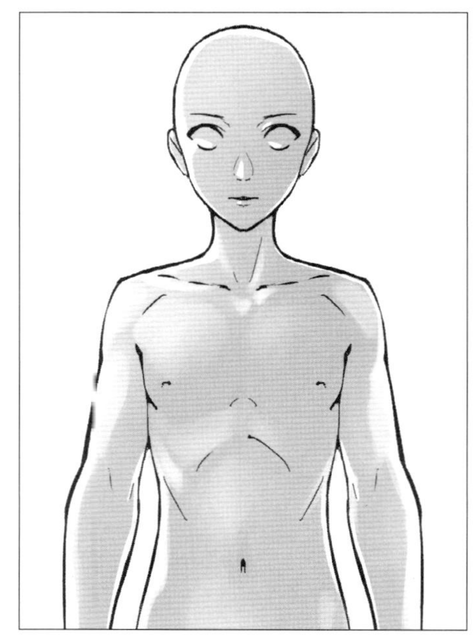

第1章

1人構圖

01 基本構圖

圓形構圖

隻手伸出

0101_01c

主角配置於畫面中央的圓形構圖。但不只單純畫出站姿，可利用頭髮、服裝、背景等小技巧，創作出充滿力道的畫面。

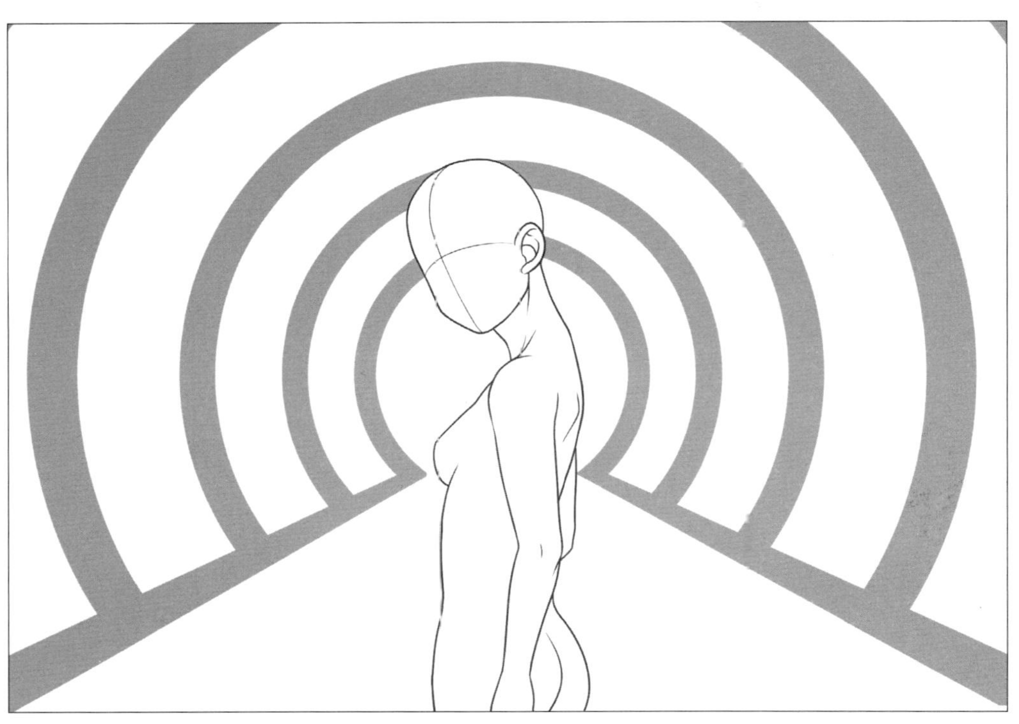

0101_02c 轉身回望

威風站立

0101_03b

圓形構圖搭配對稱（左右對稱）的三角形框架比例元素，讓人感到威風凜凜、意志堅強。

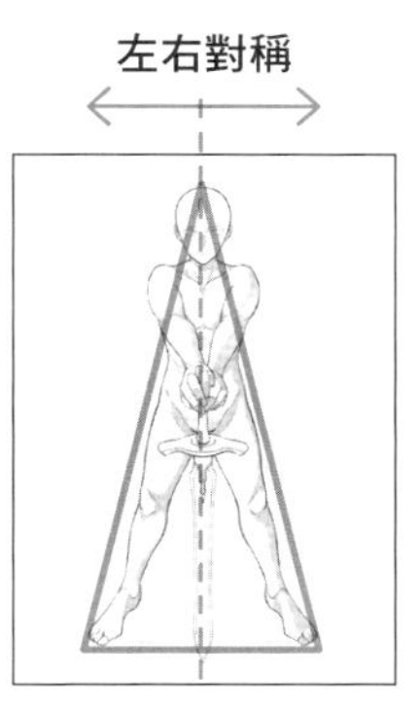

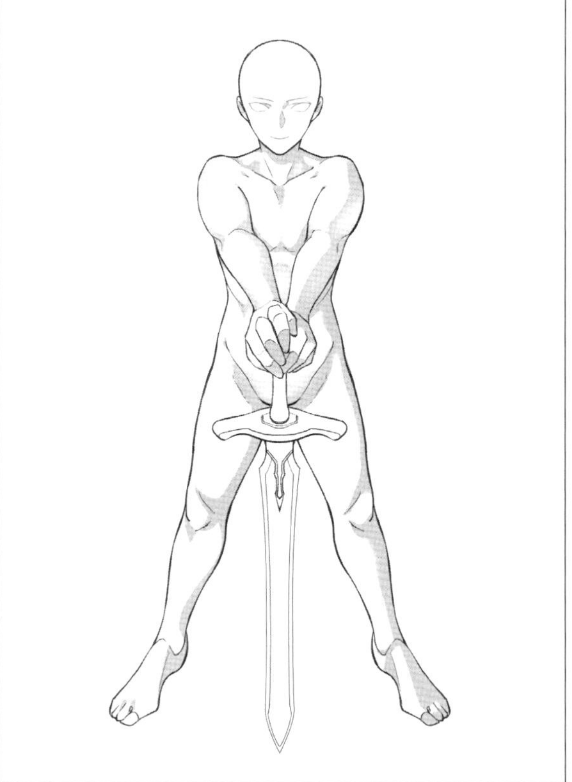

月夜下的劍士

0101_04b

與上圖相同都是圓形構圖，但不是左右對稱，雙腳凌空騰起，比起那威風凜凜的氛圍，更讓人感到強烈的躍動感。

01 基本構圖

三分法構圖

撥弄頭髮

0101_05e

將角色配置在三分法的切割線上，利用頭髮演繹出動態感。為了讓人感受到充滿未來，空出了左邊的空間，且角色朝向正前方，散發出明亮柔和的氛圍。

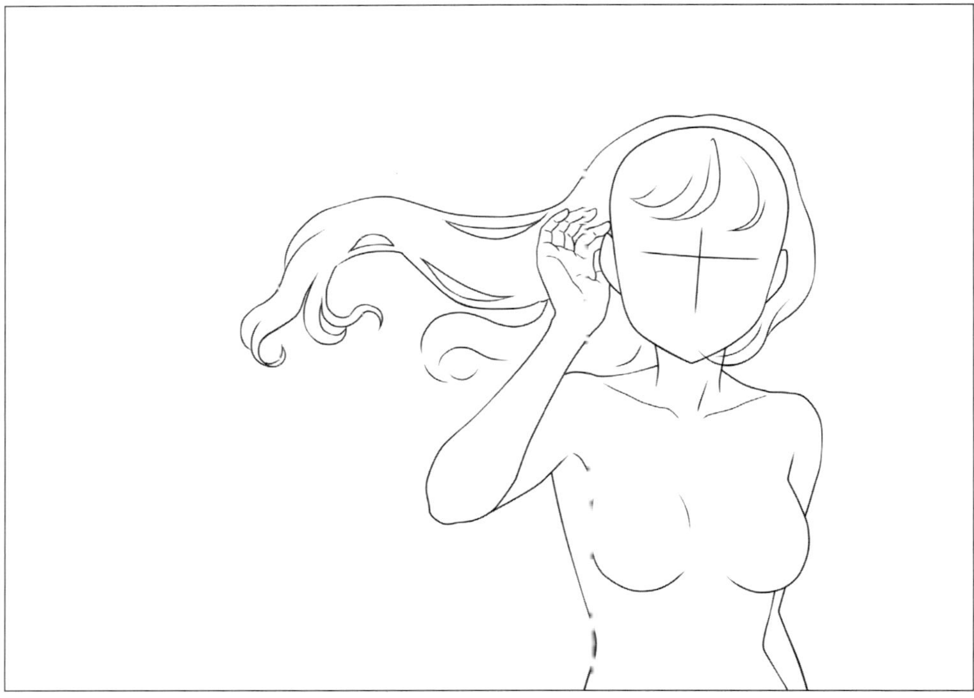

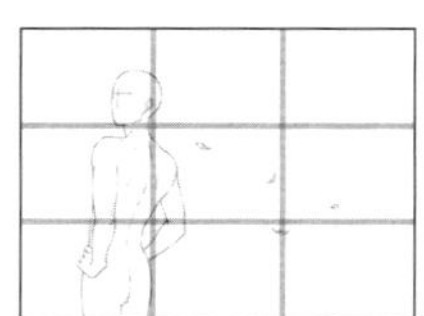

秋風吹起

0101_06e

左邊空間狹窄，在讓人感到過去的右邊空間，還有枯葉飄落。加上角色背對姿勢，散發出莫名的孤寂氛圍。

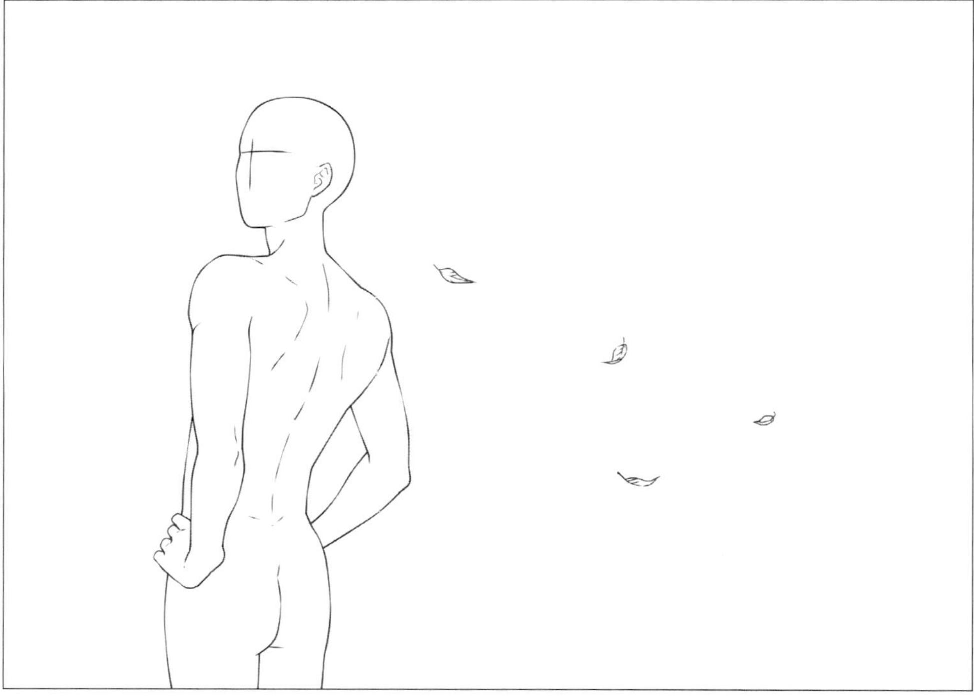

黃金比例構圖

跳躍

0101_07b

背景和角色稍微傾斜於黃金比例的線上，為插畫添加躍動感。

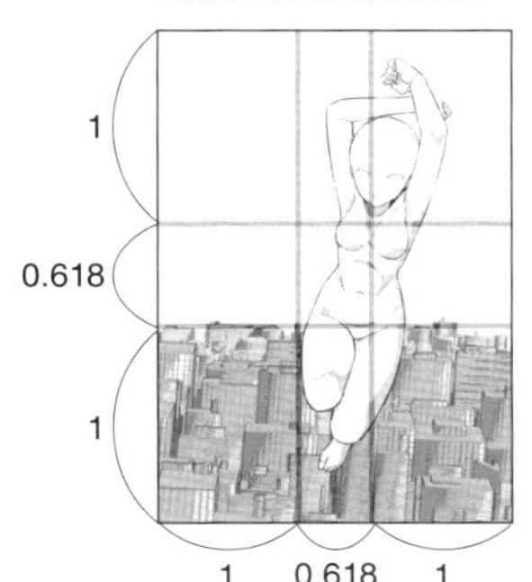

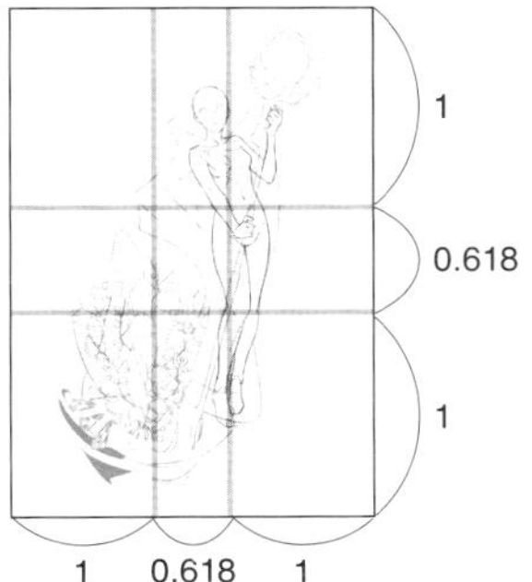

持握手杖

0101_08b

手杖可裝飾上旗幟，或將寶石替換成其他的配件，配合角色個性多多嘗試變化。

01 基本構圖

三角形框架比例

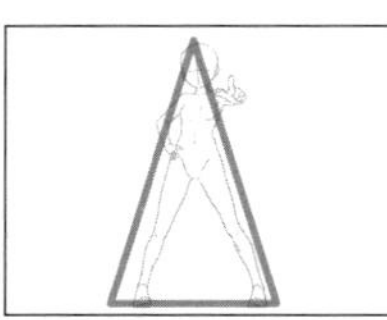

伸手指出

010_09i

三角形框架比例的一邊與外框平行，給人安定感。很適合搭配中央配置的圓形構圖。

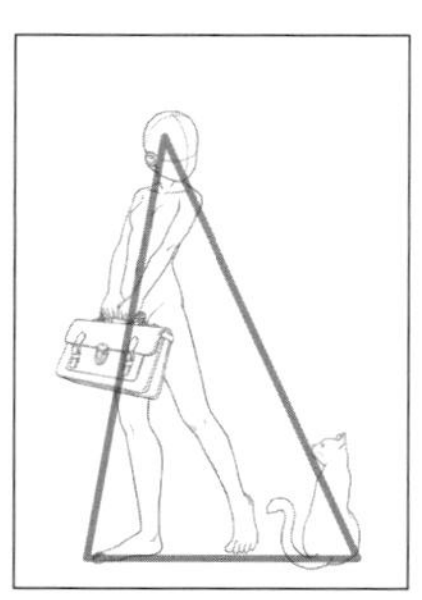

上學途中的巧遇

0101_10c

也有以小物或動物構成三角形框架比例的方法。

黃金螺旋框架比例

雙手抱膝

0101_11b

背部拱身的圓弧姿勢與黃金螺旋框架比例的弧線恰好吻合。

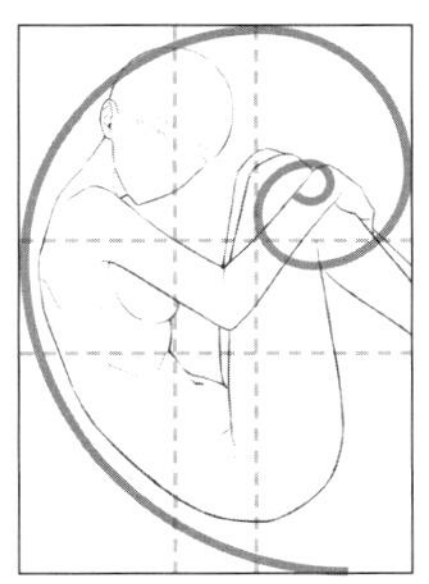

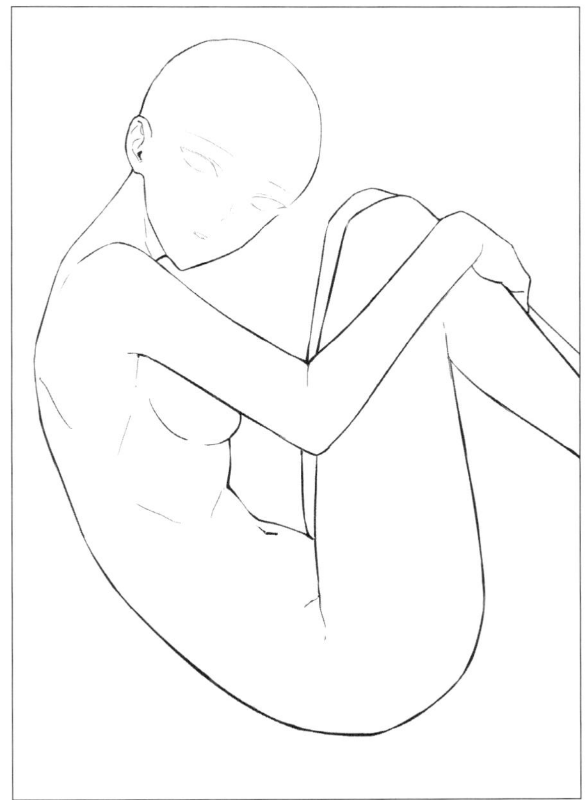

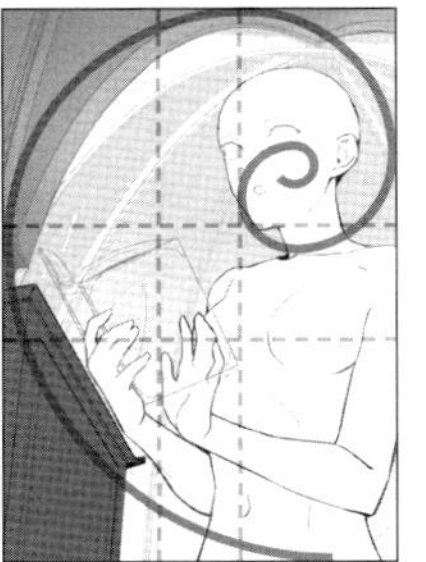

教會場景

0101_12b

這張範例的人物和背景，沿著黃金螺旋框架比例繪出。也可以試著以動物或植物代替家具，構成黃金螺旋框架比例。

02 正向情緒

開朗、希望

仰望天空

0102_01c

雙臂完全橫向敞開的動作，可能讓人感到有些普通，所以在對角線上繪出雙臂，就能增加整幅畫的力道。

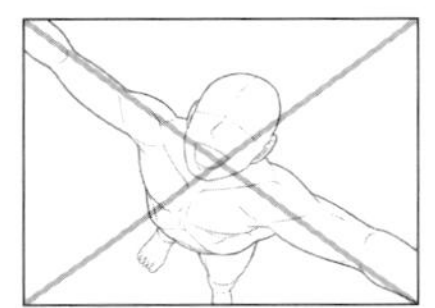

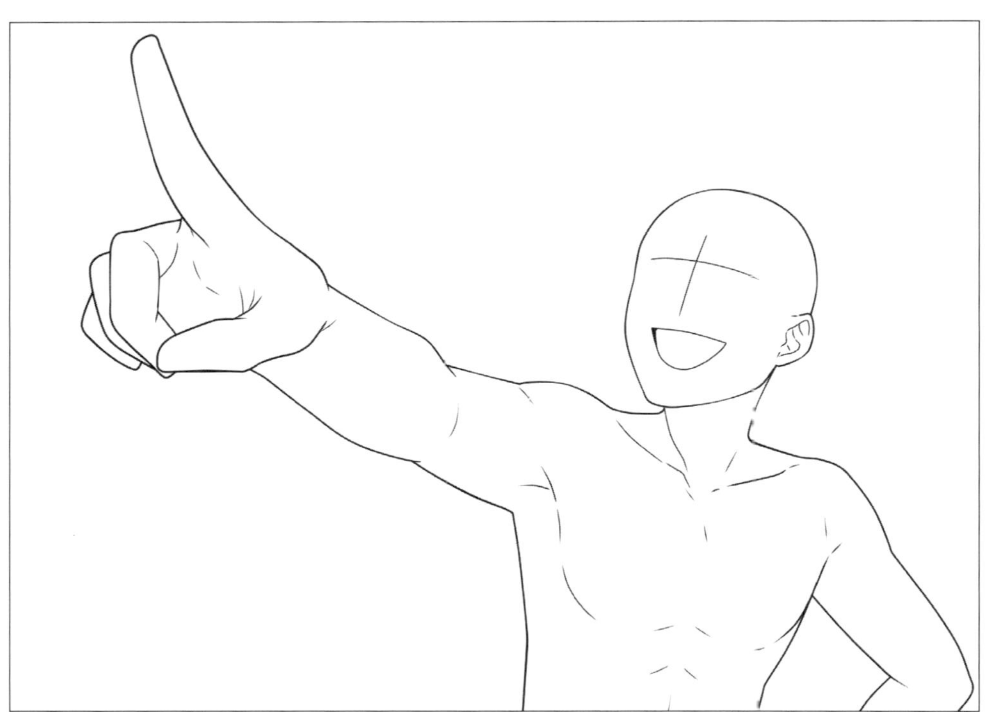

0102_02e 伸手指出

躍起！

0102_03c

用微微傾斜的三角形框架比例表現出躍動感。

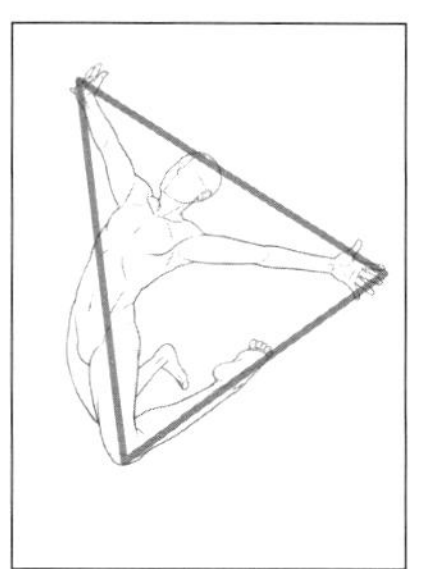

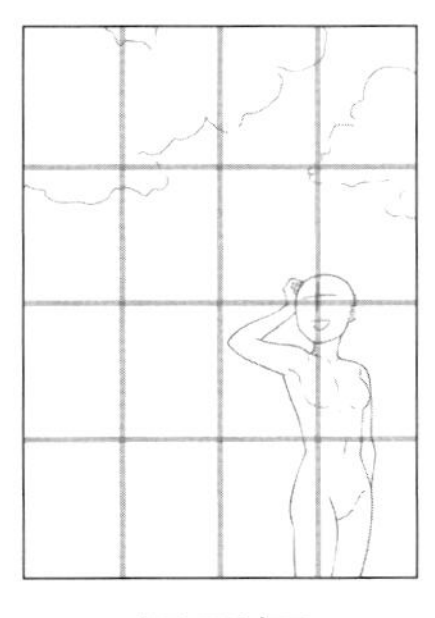

好天氣

0102_04e

分別將畫面從縱向和橫向，大約切割成四等分的構圖。拉開角色與周圍空間，可表現出開闊感。

02 正向情緒

張開雙手
0102_05e

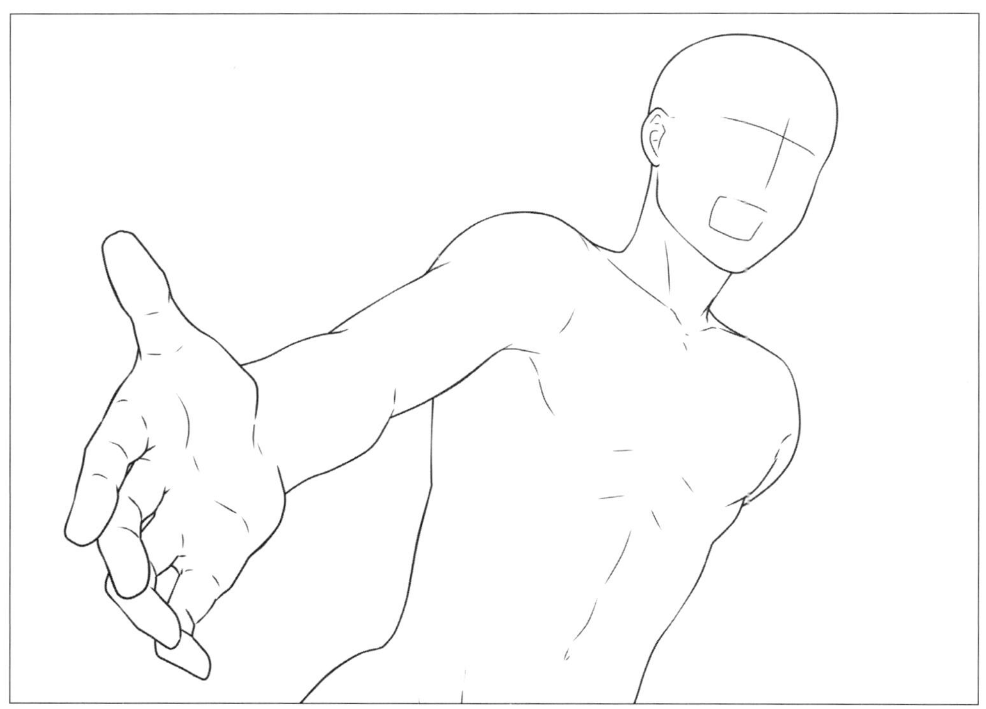

0102_06e 向前伸手

開心、安心

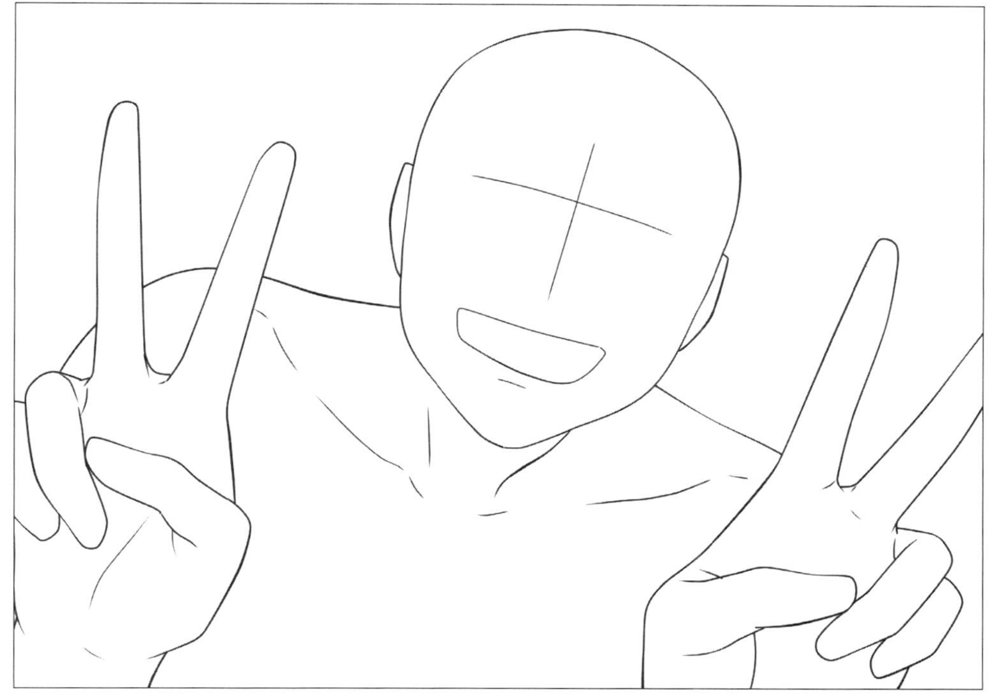

手指比YA 1 0102_07e

手指比YA 2 0102_08e

02 正向情緒

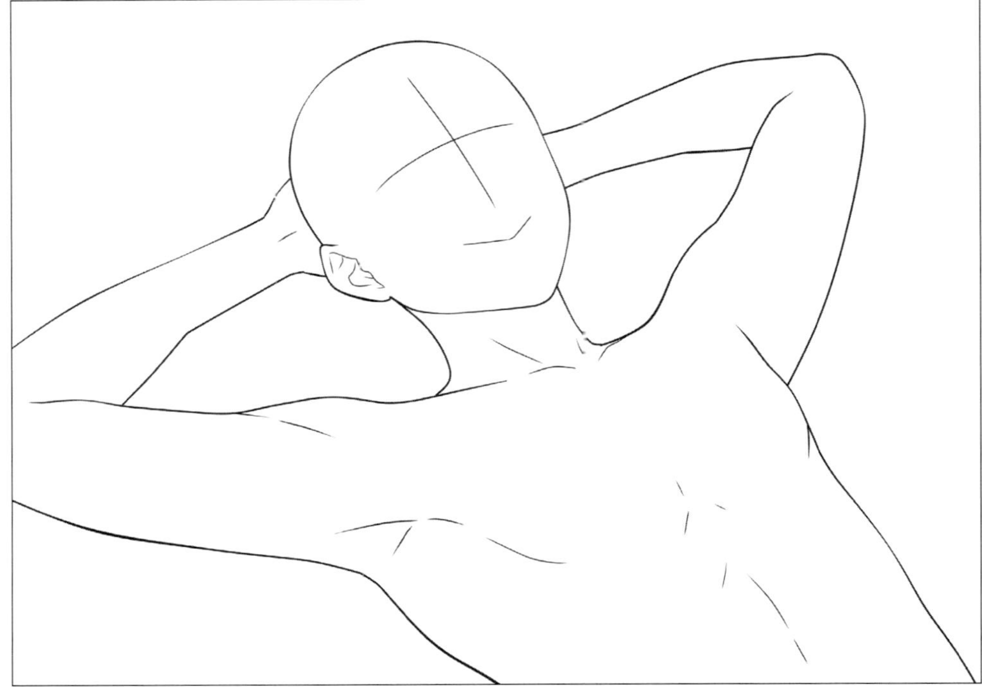

悠哉悠哉

0102_09e

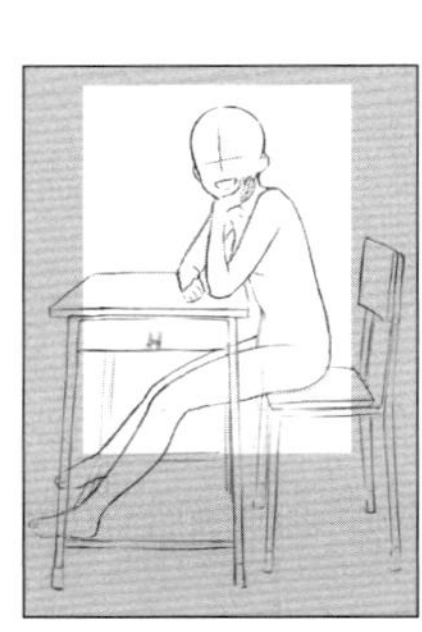

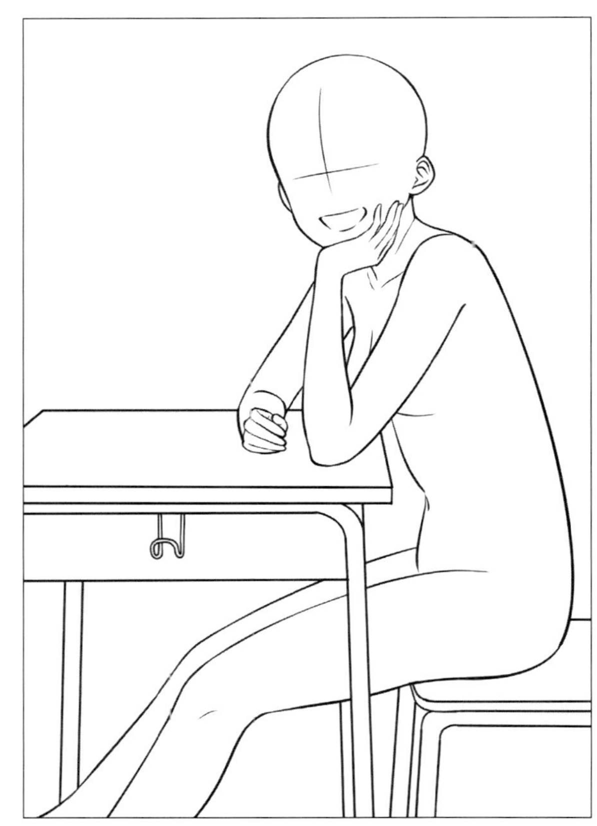

手撐臉頰

0102_10a

先畫出完整的桌椅樣貌，再利用裁切的技法，將畫面集中在人物上。完整繪圖呈現的是客觀視角，利用裁切則會產生出親近感，呈現「與人對話的視線」畫面。

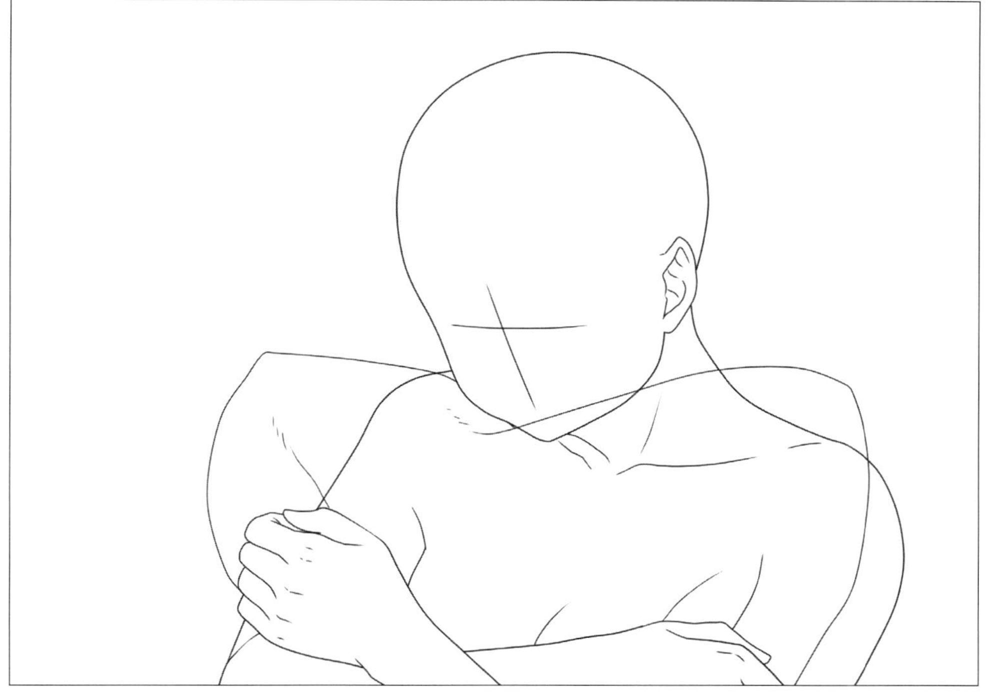

手擁抱枕

0102_11e

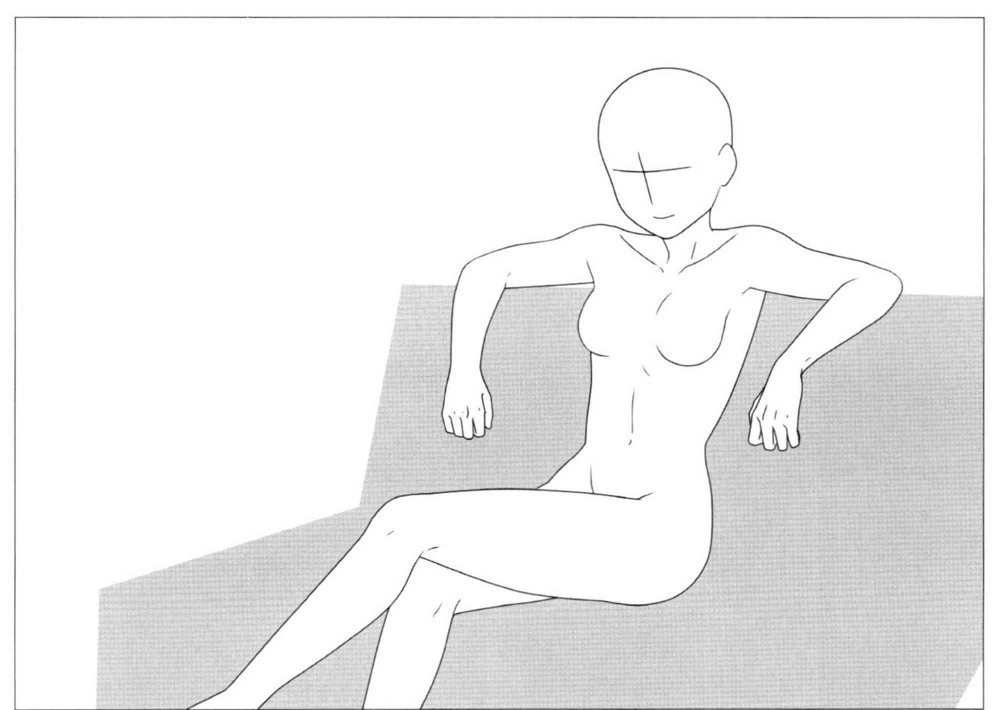

坐姿輕鬆

0102_12e

02 正向情緒

強悍、信賴感

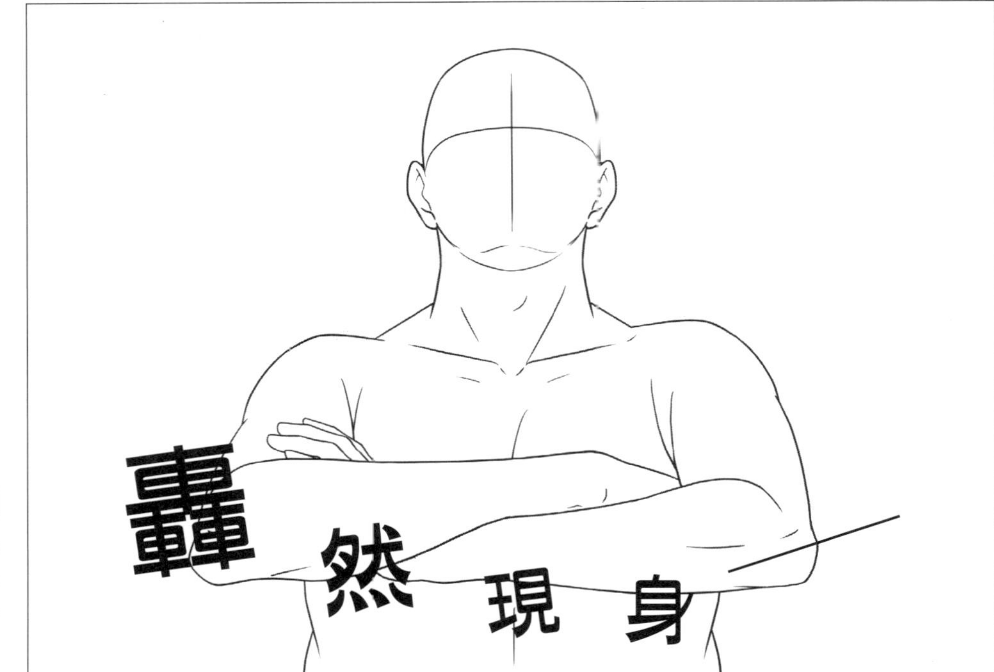

雙手交叉抱胸

0102_13i

佔據中央畫面的圓形構造或仰望視角（仰視）的角度，很適合用於展現威風強大、意志堅定的插畫。

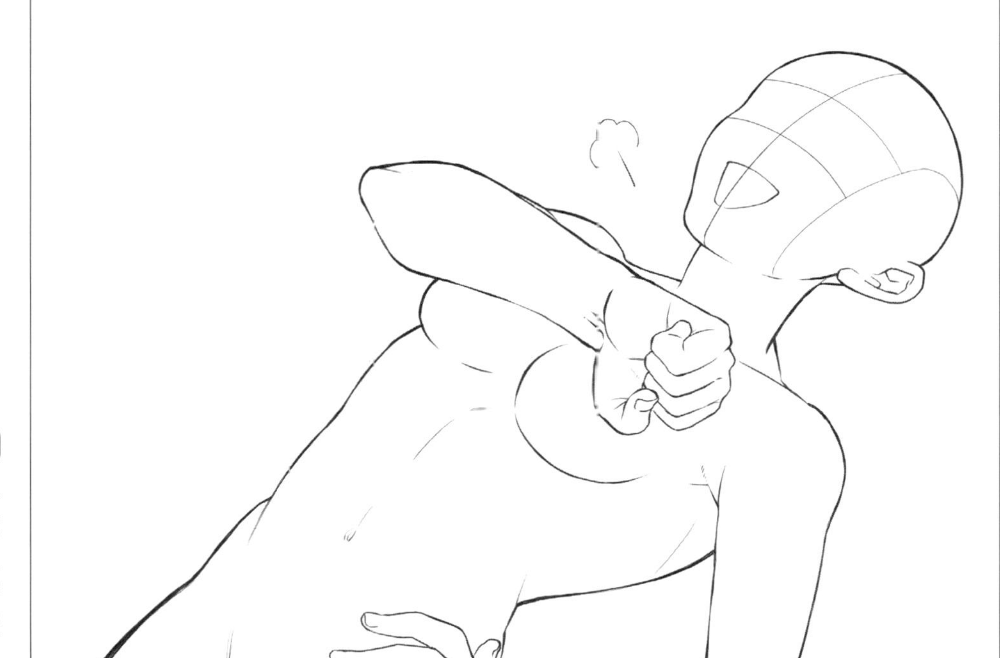

包在我身上！

0102_14h

令人信賴的姿勢傾斜於構成畫面，會降低信賴感的力道，產生一種想信賴又好像帶著一點點危險的可愛感。

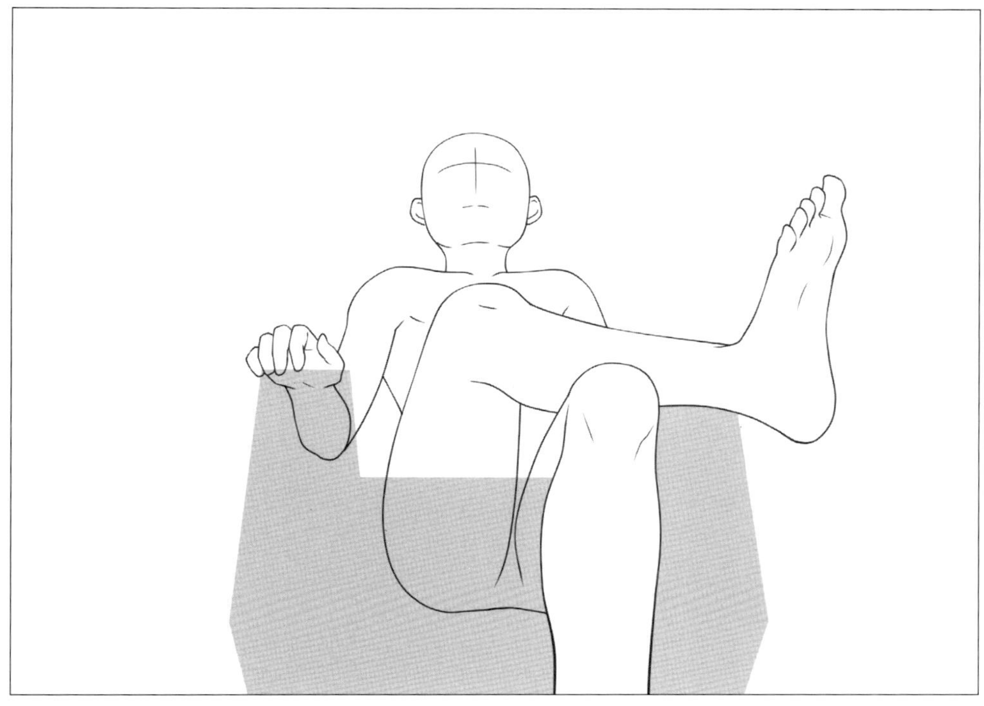

挺腰坐立

0102_15e

在圓形構造中，畫上仰望視角的坐姿。比起女性的可愛感，更強調威嚴氣勢。

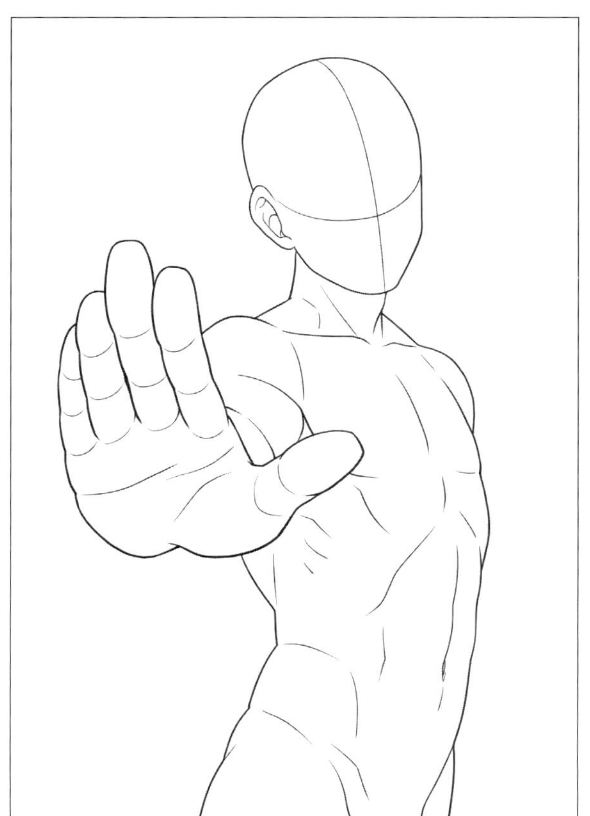

STOP！

0102_16c

阻止他人行動的手勢。大面積描繪向正面突出的手，表現強烈否定的情緒。

03 負面情緒

孤獨

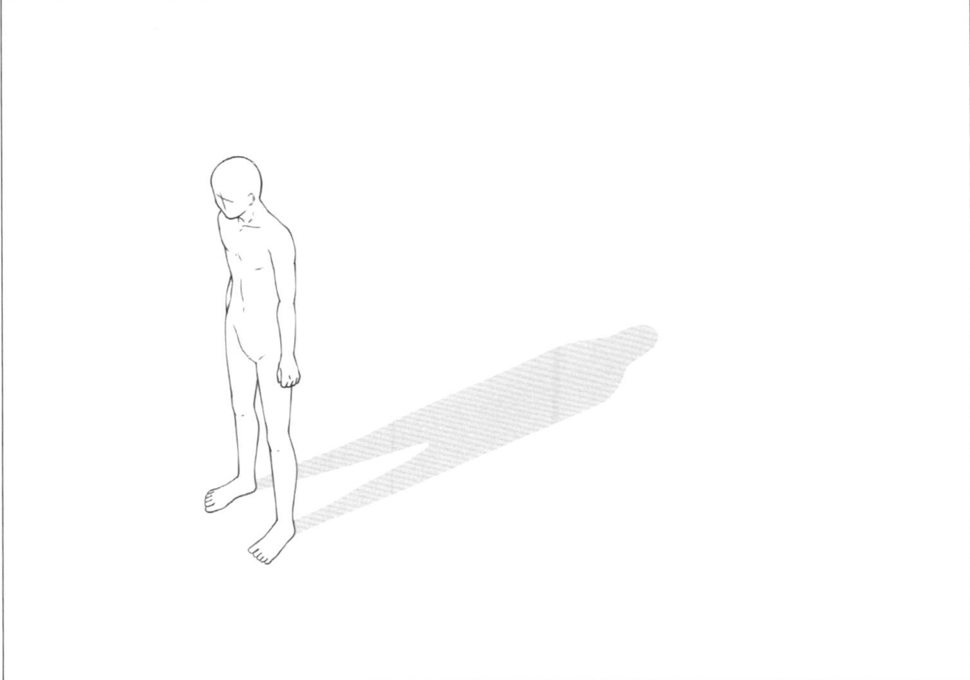

佇立不動

0103_01e

表現一個人的孤獨感時，利用俯瞰視角（俯視）的攝影法則最有效果。將鏡頭推遠（遠距離攝影），更能增加孤寂感。

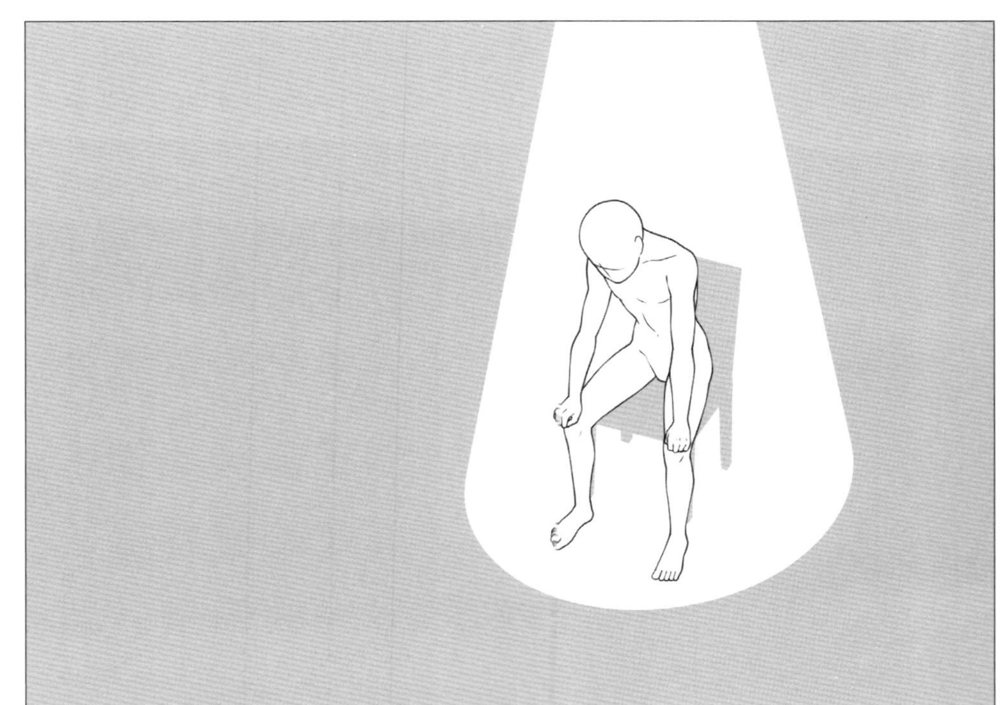

神情低落

0103_02e

一樣用「俯瞰視角」「推遠」的手法，描繪坐姿的孤獨感。如果打上聚光燈，則會變搞笑風格。

不安

看不到希望

0103_03c

在畫面構成中，左邊帶有未來，右邊帶有過去的暗示。角色背面朝左的構圖，帶給人沒有希望、背向未來的印象。

未知襲來

0103_04c

這張圖則相反，角色朝向未來，卻遭到晦暗過去襲擊的感覺。外框成為角色眼前的阻礙，有高牆壁壘的效果。

03 負面情緒

動搖

打擊

0103_05e

運用「斜角鏡頭」攝影法則，刻意將角色和背景傾斜配置於畫面，這是在表現角色內心動搖時常用的技巧。

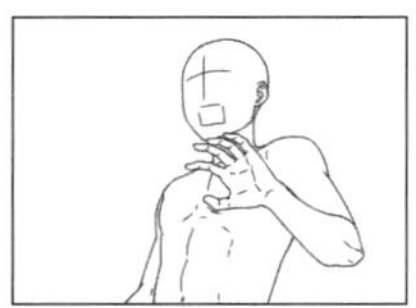
微受打擊

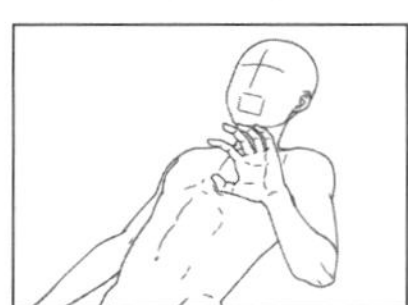
強烈衝擊

窺探

0103_06h

可在電影和戲劇中看到隱身牆後窺探的場景。這個時候，經常使用斜角鏡頭技巧，表現迫切感與角色的焦躁感。

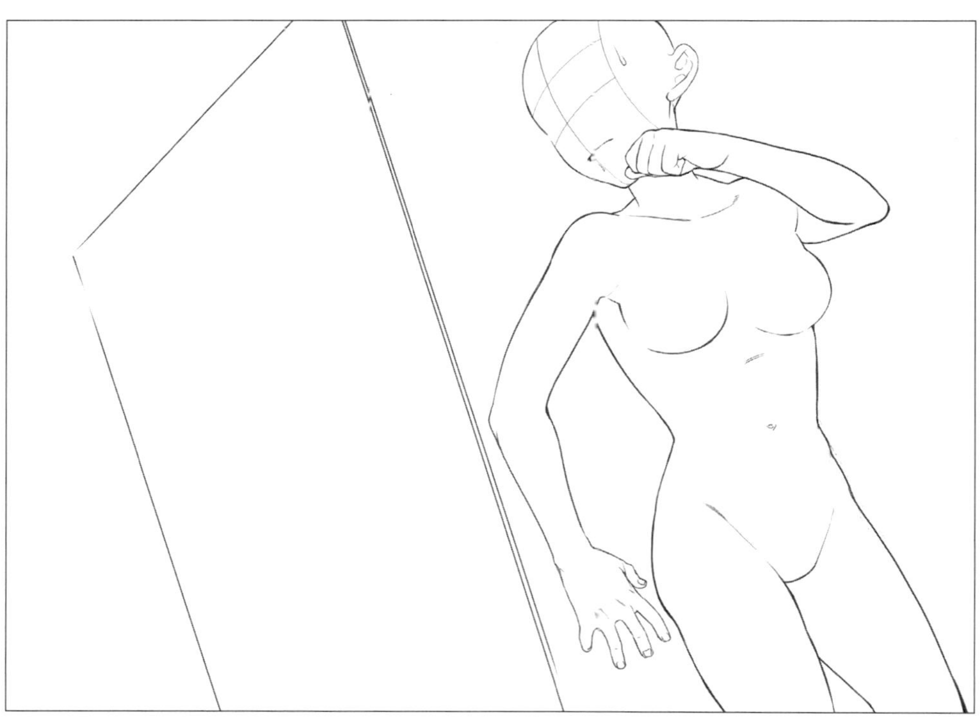

寂寞

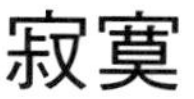

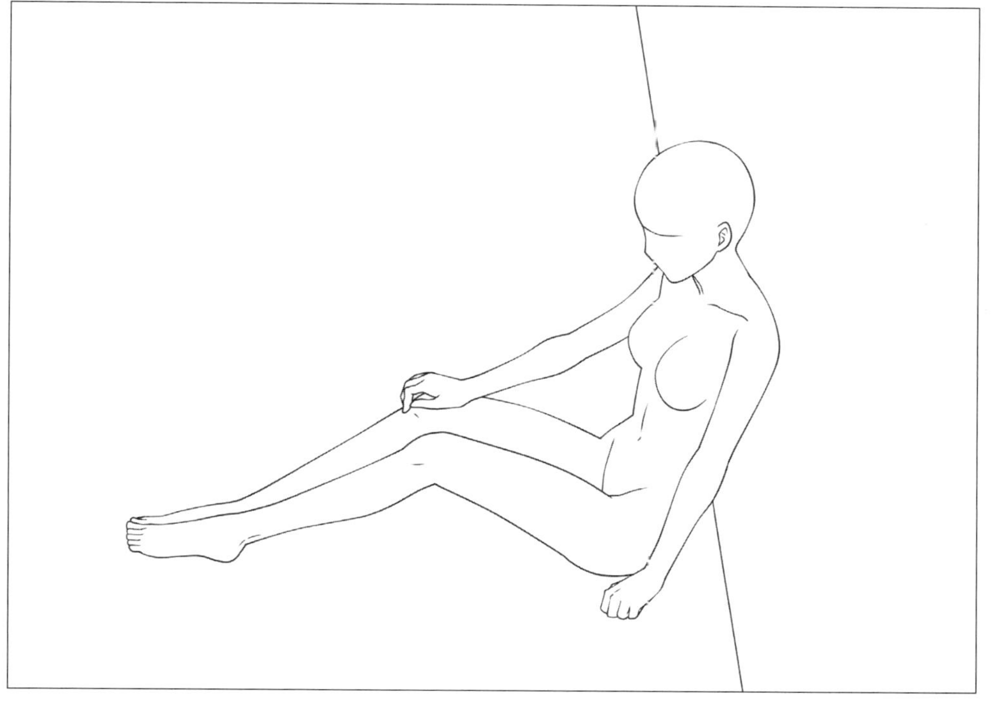

孤單一人

0103_07e

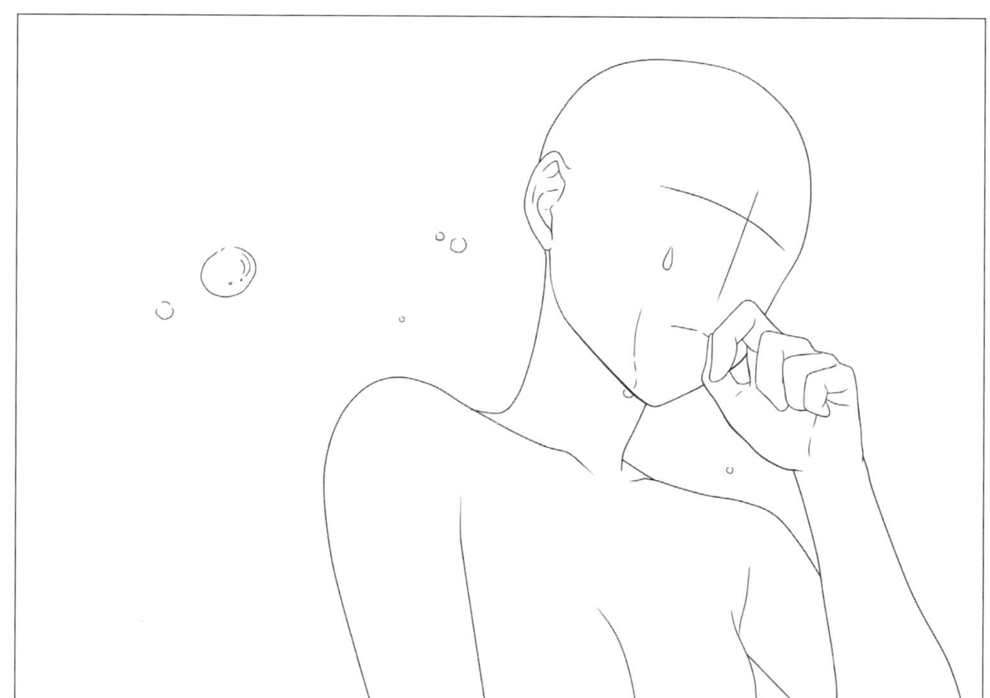

拭去淚水

0103_08e

04 動態表現

躍動感

跑步 1

0104_01c

張腿闊步、稍微誇張的跑姿，構成三角形的畫面。將較遠的手畫小一點，營造出遠近感。

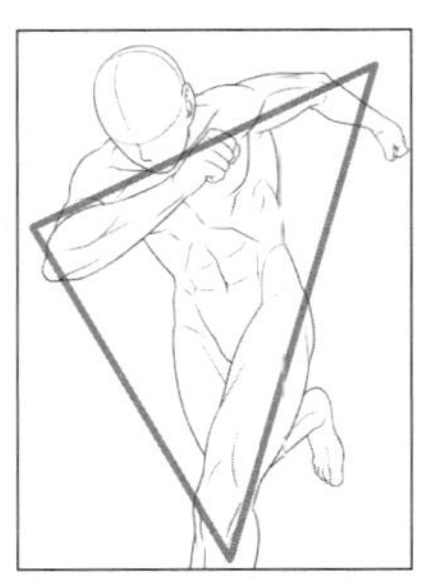

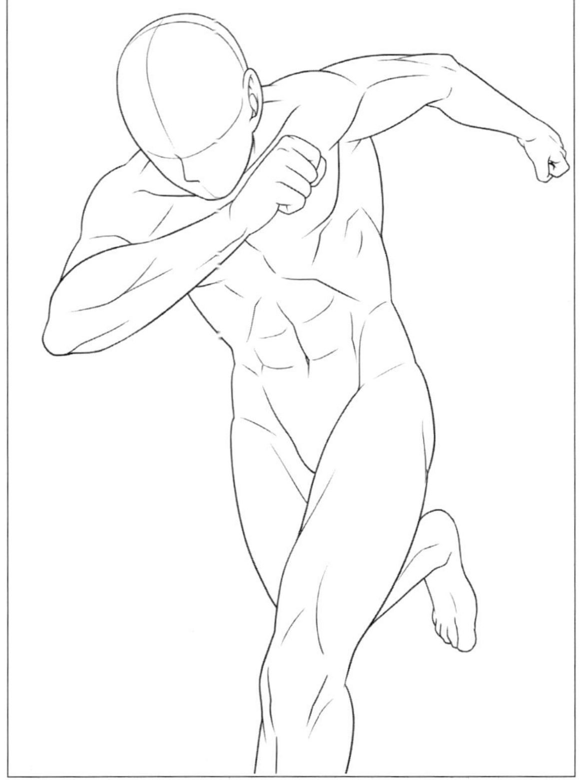

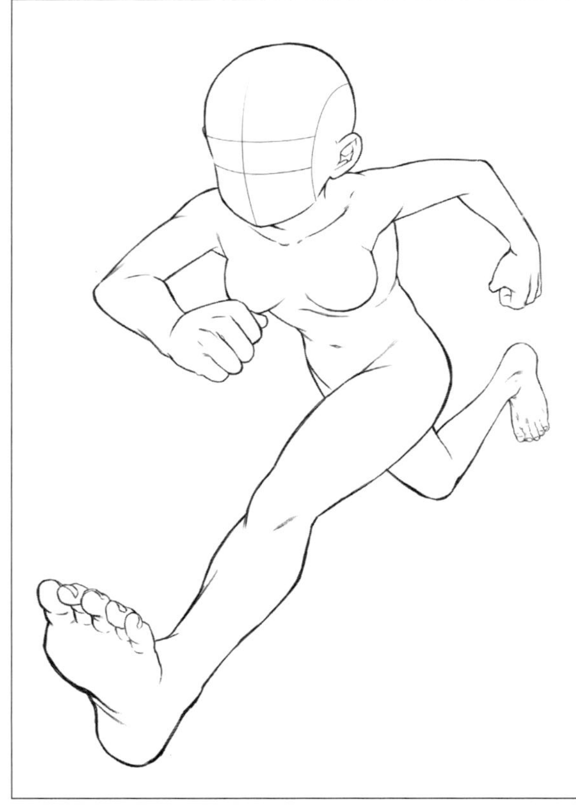

跑步 2

0104_02h

這張是設計成漫畫風的跑姿範例。

跳躍

0104_03m

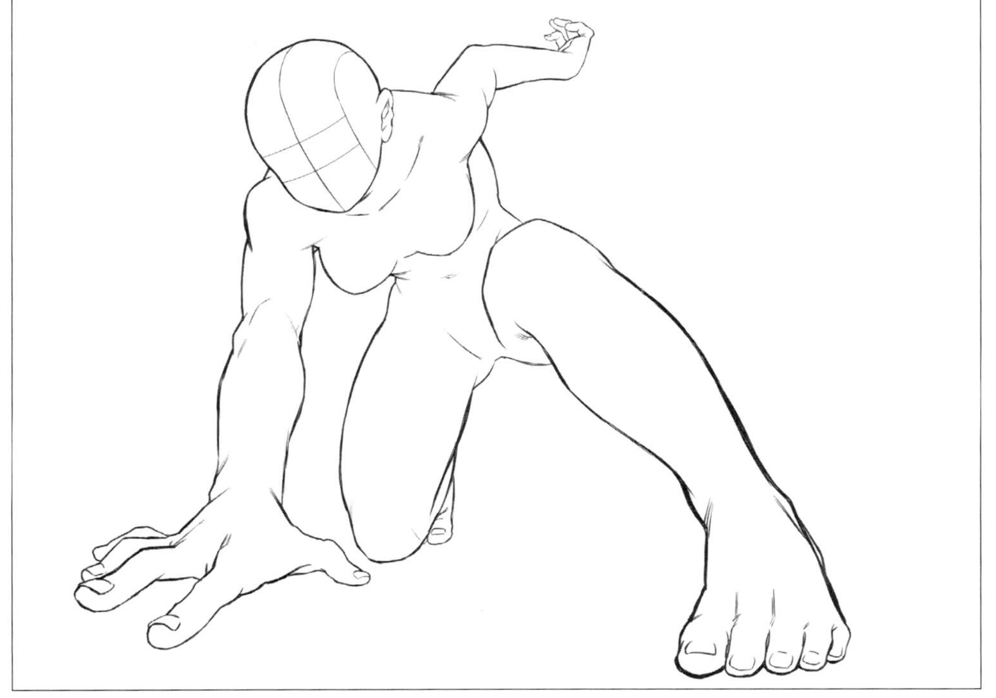

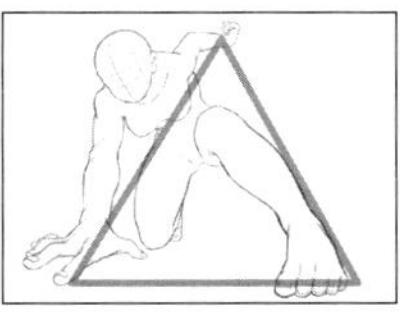

著地

0104_04h

安定的三角形構圖，前面以放大的誇張手法，為插畫添加躍動感。

04 動態表現

掀開翻飛

0104_05c

在手臂打直的姿勢中，以如波浪般掀起的布塊，為整體添加躍動感。

披風揚起

0104_06c

人物動作少，但可以利用披風等小道具，為畫面增加動態感。

打開大門

0104_07h

角色前傾不穩的開門姿勢，給人強烈衝進來「瞬間」的感覺。

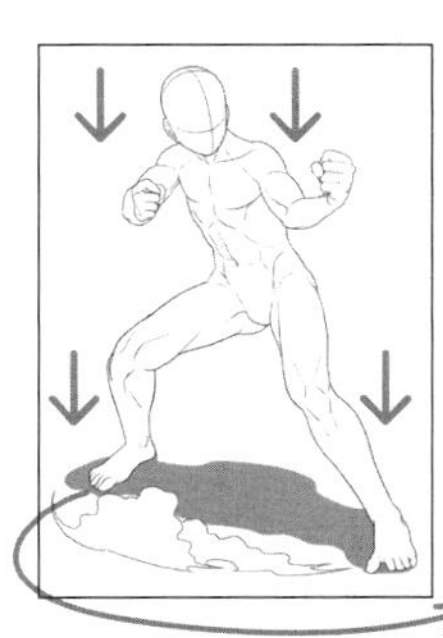

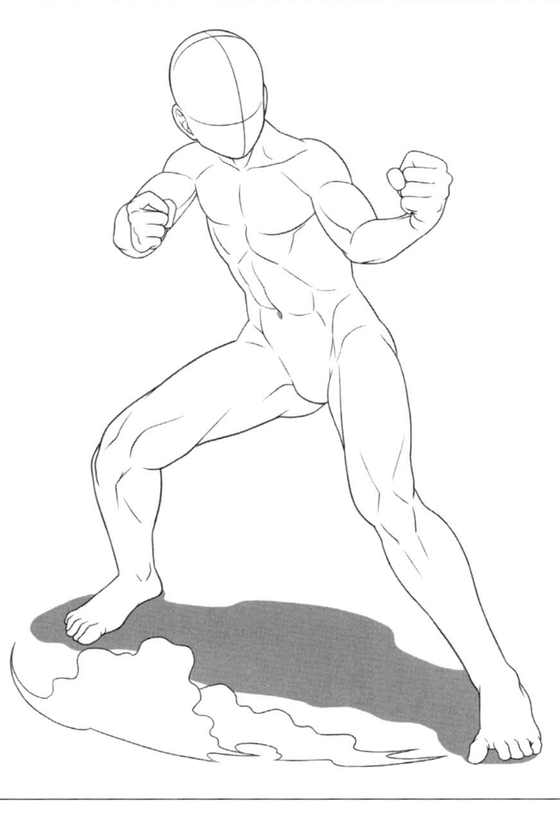

準備應戰

0104_08c

這是膝蓋微彎、重心向下的穩定姿勢，如同迅速攻擊「前夕」的態勢。

04 動態表現

腳踢 1

0104_09m

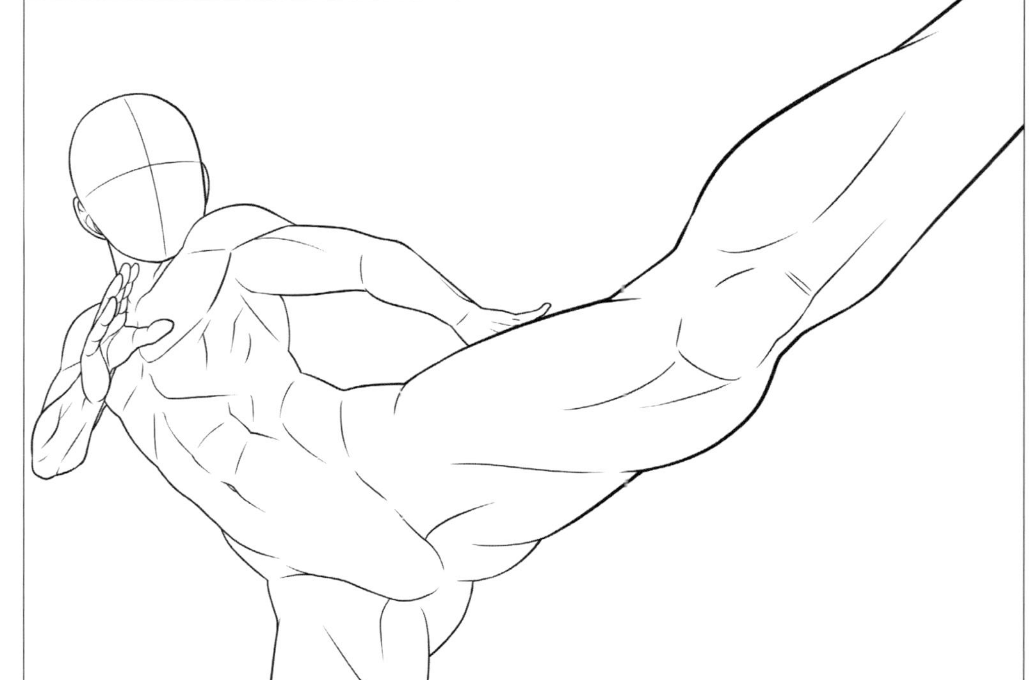

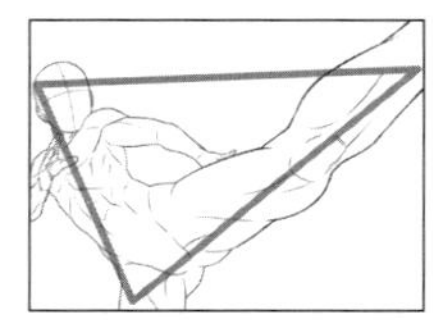

腳踢 2

0104_10c

為了表現攻擊氣勢，刻意誇大踢出的腳。

拳擊 1

0104_11c

即刻連續出拳的瞬間。左右拳頭的大小不同，表現出畫面景深。

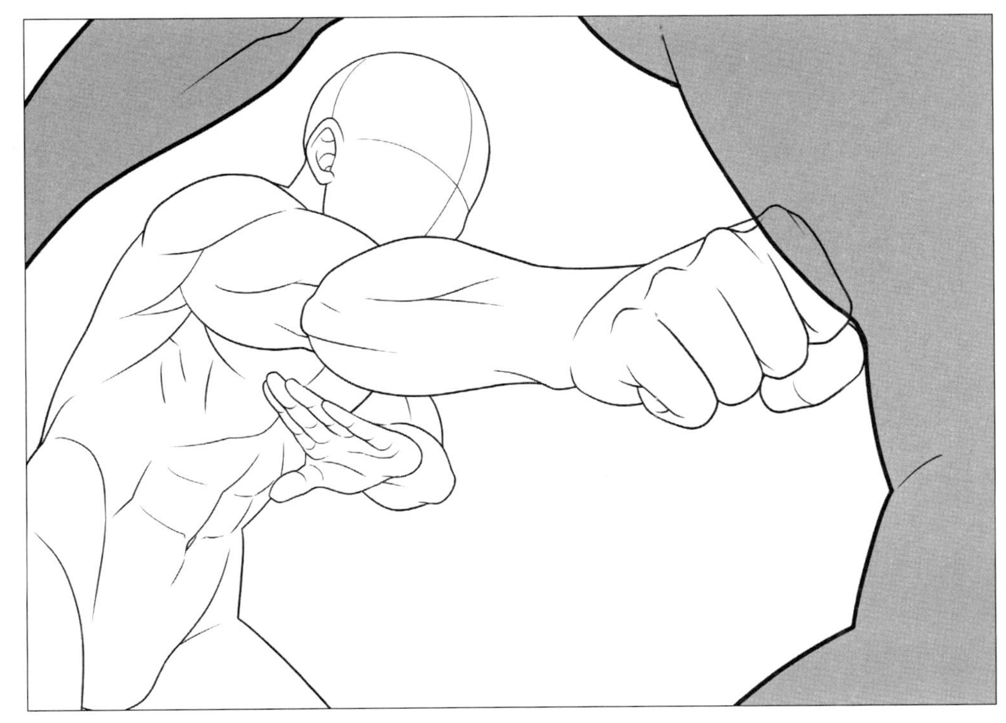

拳擊 2

0104_12c

這是受到一拳的瞬間。

04 動態表現

飄浮感

飄浮

0104_13i

雙腳離地的圓形構圖，營造不可思議的力量，讓人飄浮空中的氛圍。

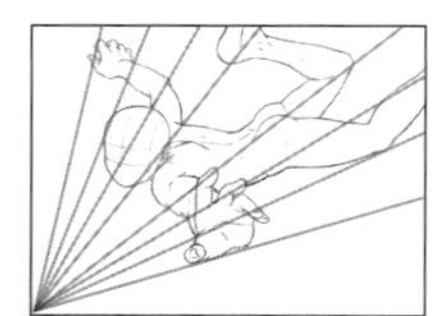

墜落

0104_14h

這是頭朝下墜落的姿勢。如果加上集中於一點的線條，更能營造墜落的氛圍。

升起後

升起前

上升

0104_15i

在畫面的上方留下空間，就是上升「前」。如果在腳下留下空間，則是上升「後」。

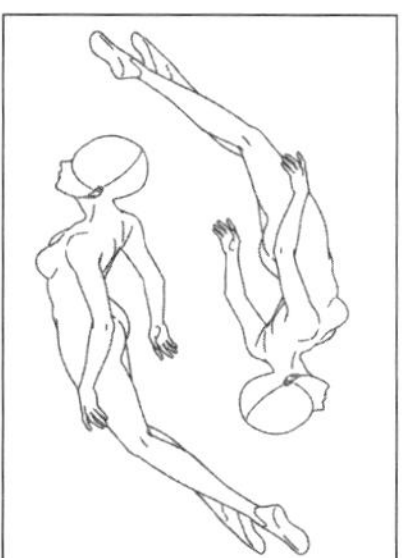

下降

0104_16i

改變上下配置的設計，也可以試試創作出兩人構圖。

04 動態表現

手持武器

拔刀

0104_17m

拔出的刀以及伸直的腳，形成一道流暢曲線，是可以讓人感到華麗的構圖。

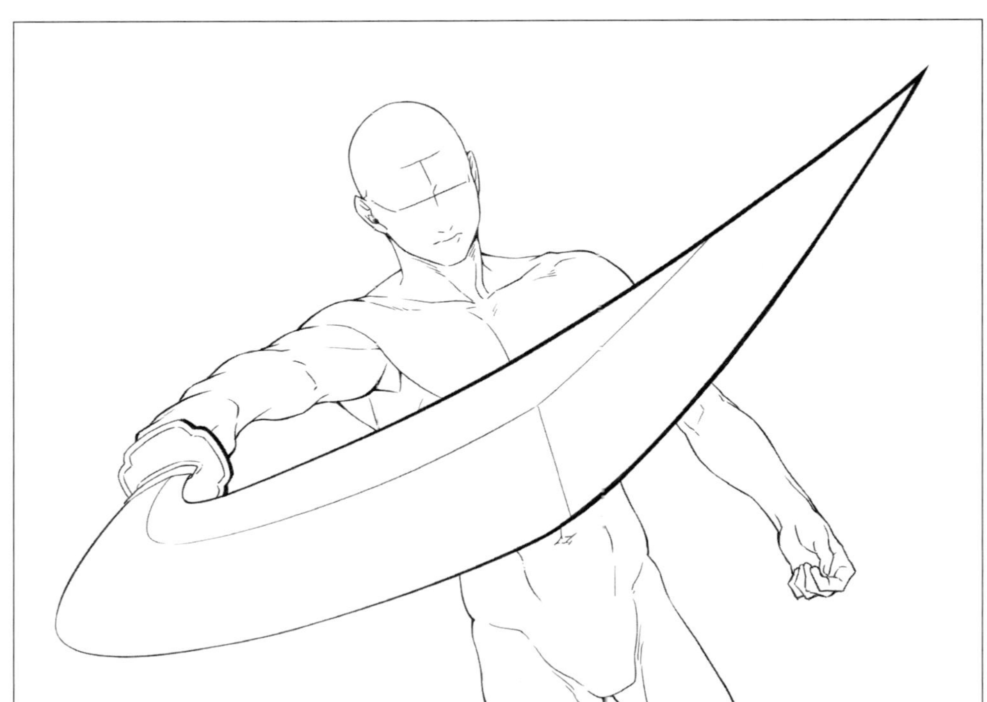

刀橫胸前

0104_18g

突顯的刀，將畫面從對角線上一分為二，魄力十足的構圖。

持刀準備

0104_19h

主角位於中央的圓形構圖。將畫面分割成上下兩段的刀，為插畫增添變化。

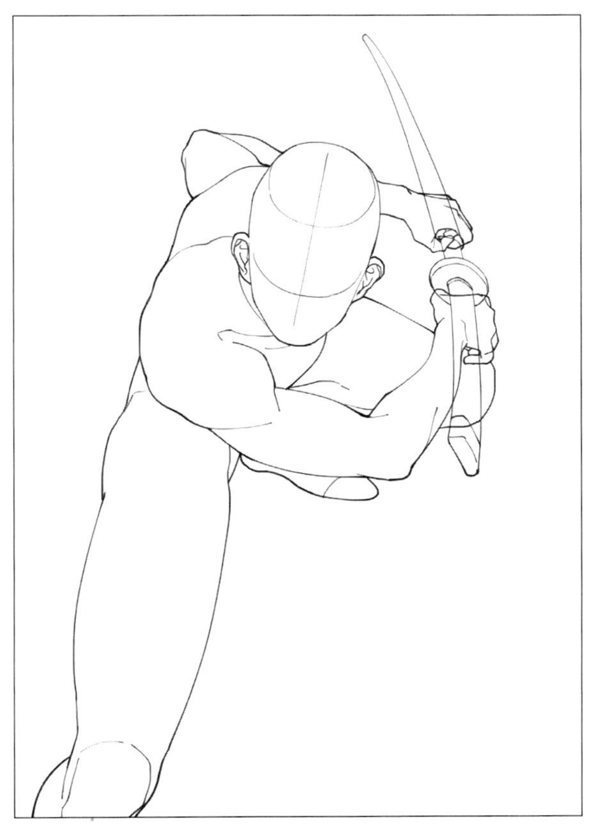

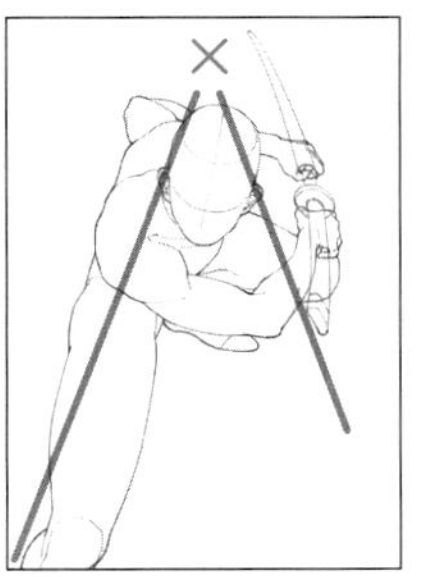

拔刀出鞘

0104_20m

從深處的一點到眼前，強調透視（遠近）的構圖。

04 動態表現

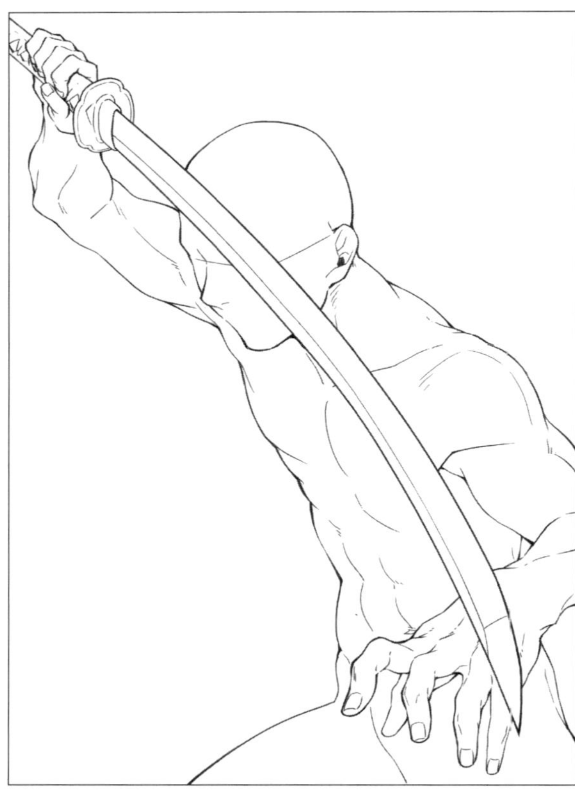

斜向持刀準備

0104_21g

刀配置於對角線上，魄力十足的構圖。刻意將刀拿反，讓觀賞視線慢慢從左上（深處）轉移到右下（前面）。

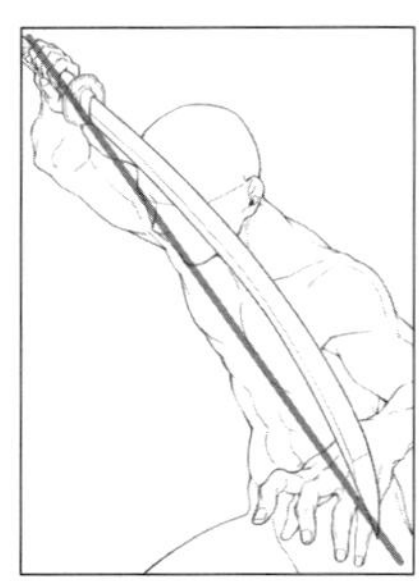

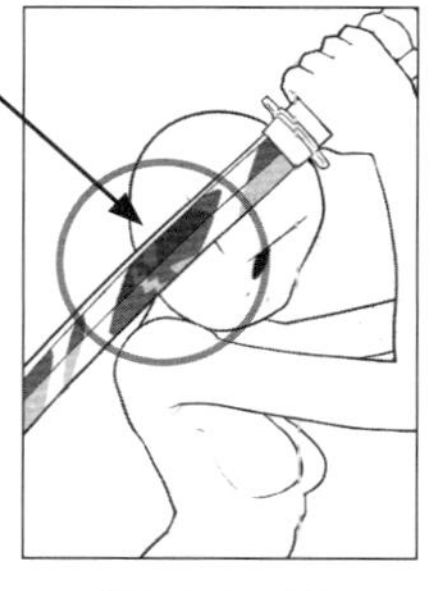

漫畫風格

0104_221

這張圖的刀，在稍微偏離對角線上地方，將畫面分割。刀上面描繪出對手倒映的身影，創作出風格獨特的插畫。

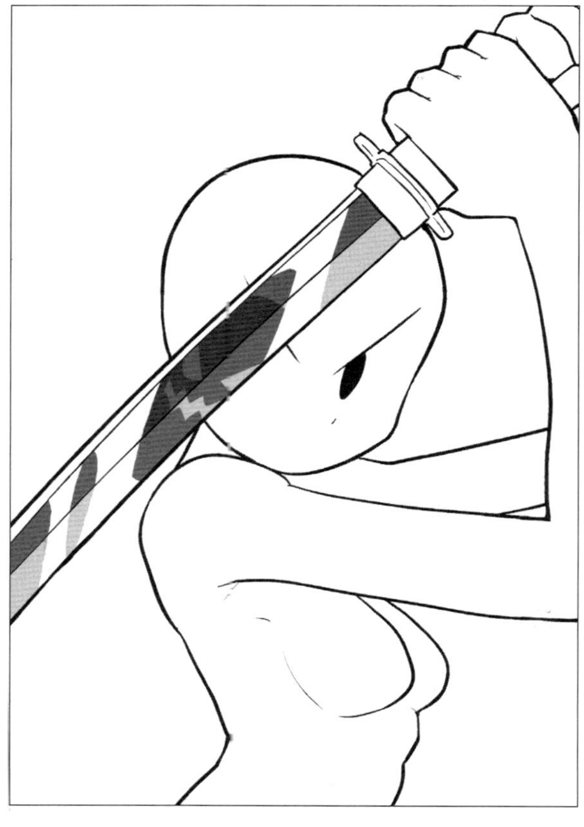

槍口對人

0104_23g

極端強調手部與槍枝的漫畫透視法，演繹出風格獨特，魄力十足的畫面。

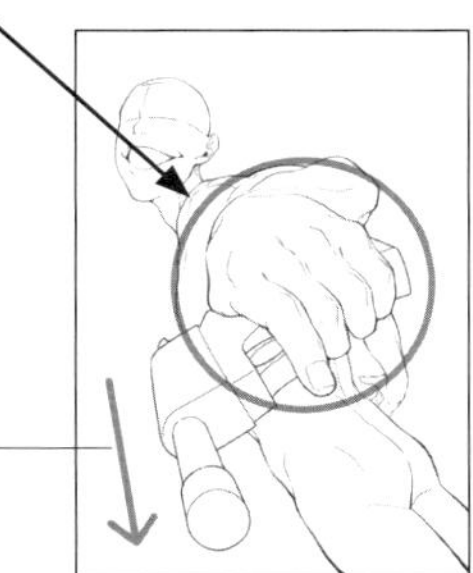

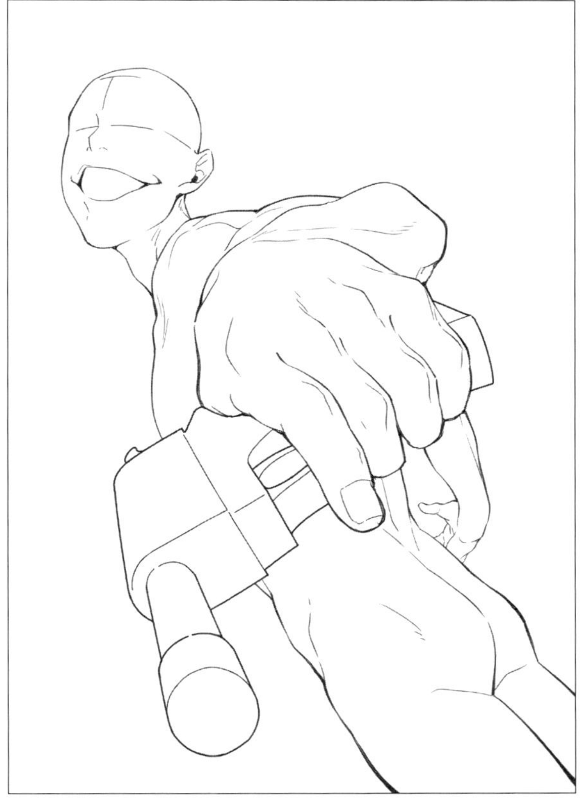

持槍準備

0104_24g

05 性感表現

襯衫敞開

0105_01h

手肘超出畫面，拉超近的攝影法則，強調胸膛的畫面。

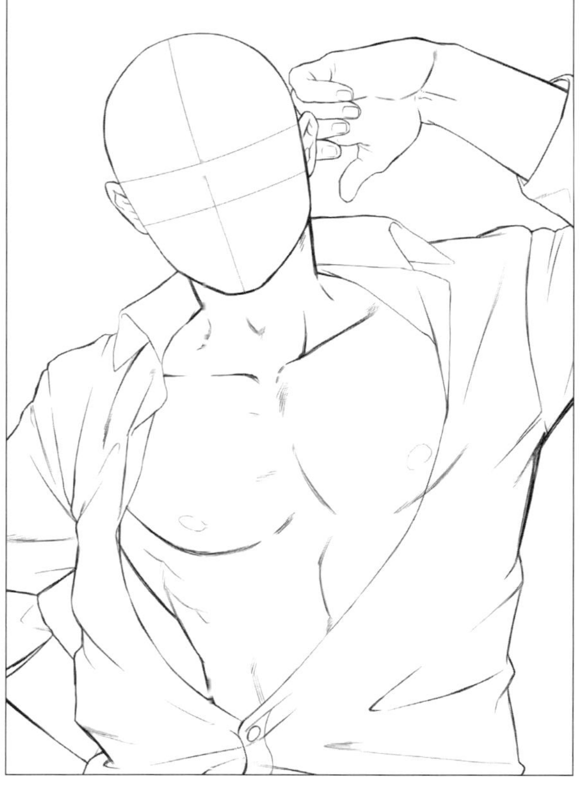

淋浴沖澡

0105_02h

水花打在肌肉上的描繪，讓性感度更加提升。

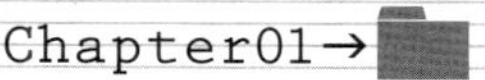

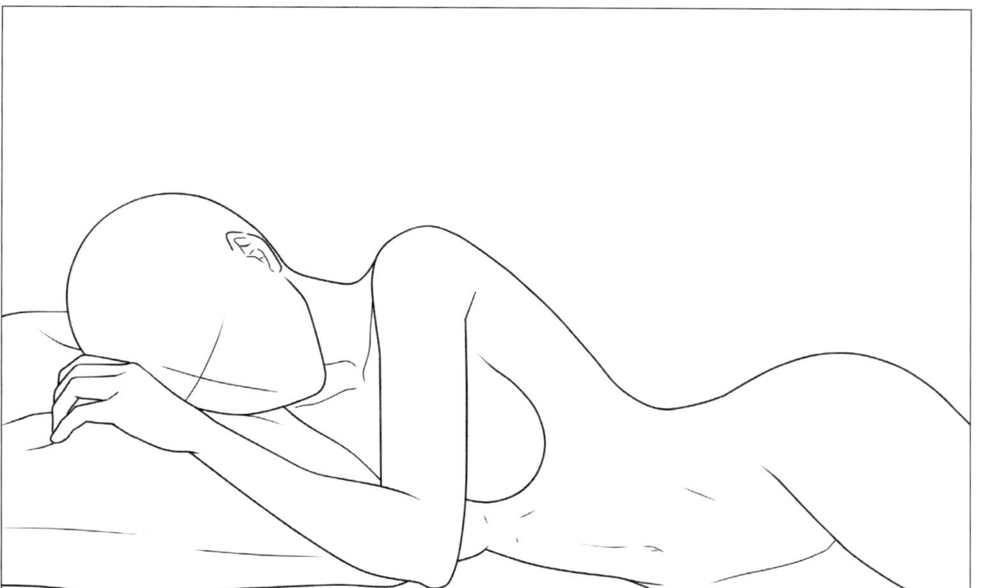

側睡斜躺

0105_03e

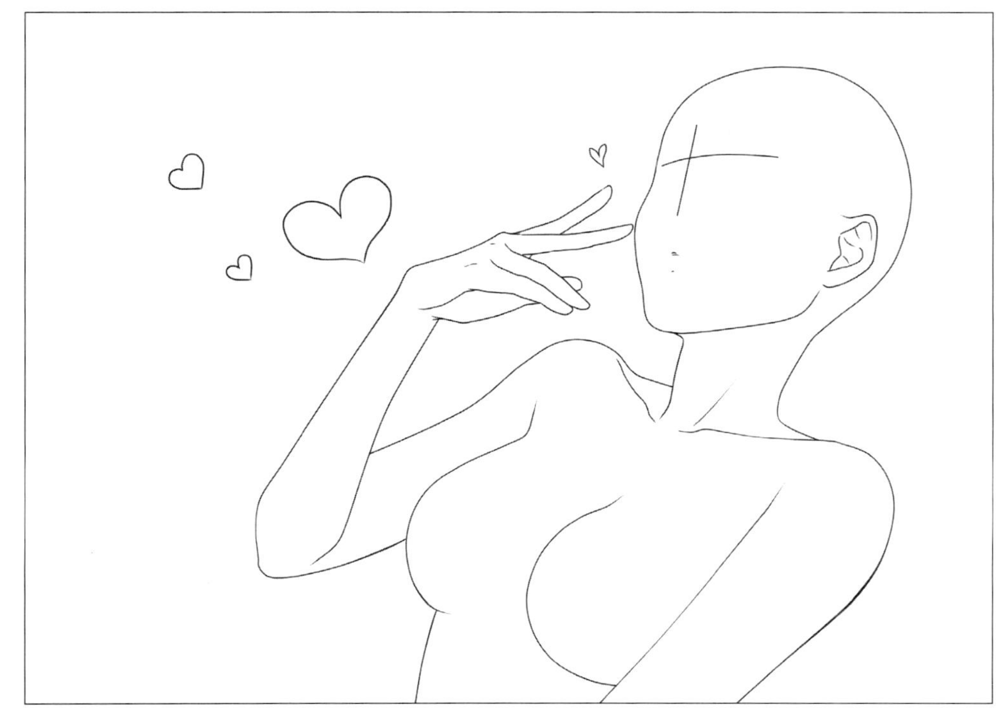

散發愛意

0105_04e

05 性感表現

性感姿勢 1

0105_05j

從低角度拍攝，強調屁股的位置，有點情色的攝影法則。

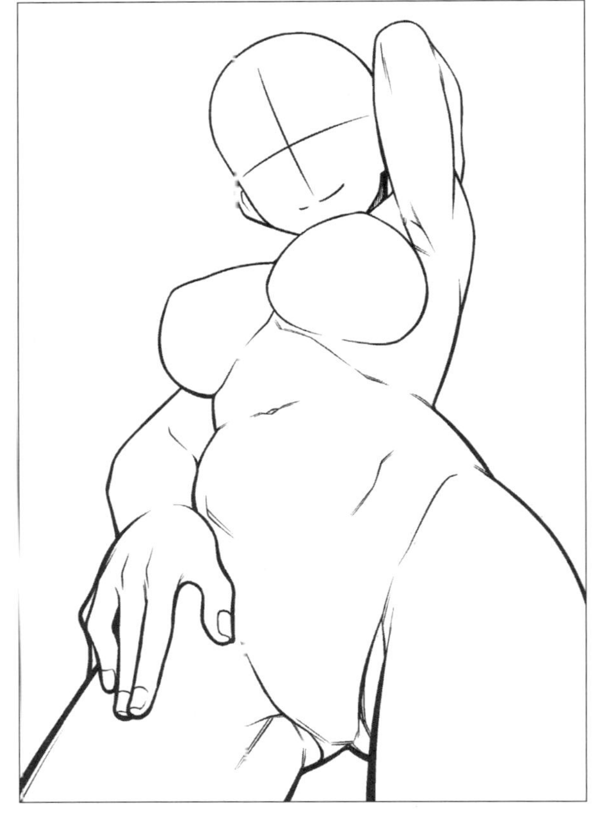

性感姿勢 2

0105_06j

這也是從低角度往上拍的攝影方式，強調豐滿的胸部。

性感回首

0105_07p

以黃金螺旋為基礎的姿勢。也很適合增加頭髮等動態感設計。

側臥橫躺

0105_08p

這也是以黃金螺旋為基礎的姿勢。還可試試看搭配黃金螺旋框架比例線條，加上裝飾或標題LOGO。

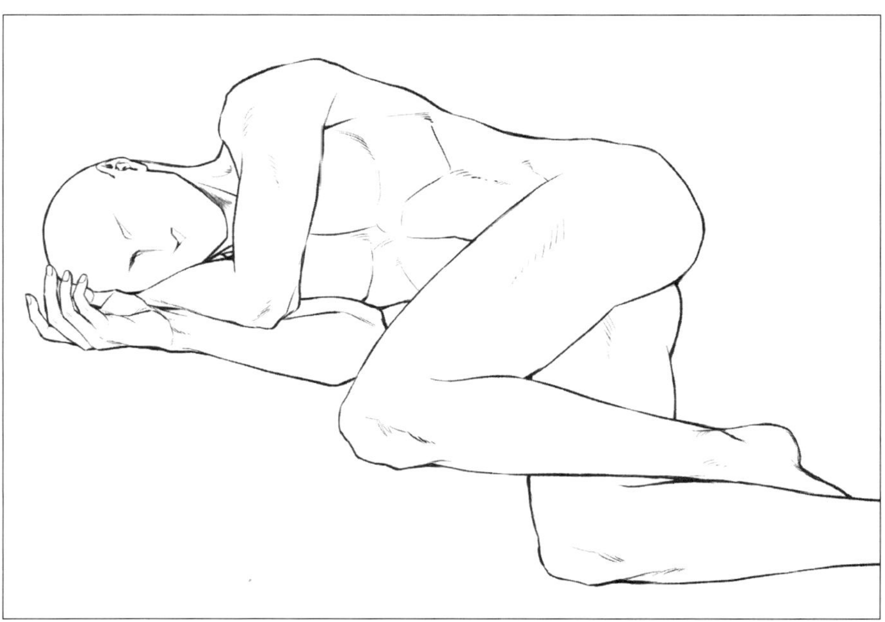

06 特殊構圖

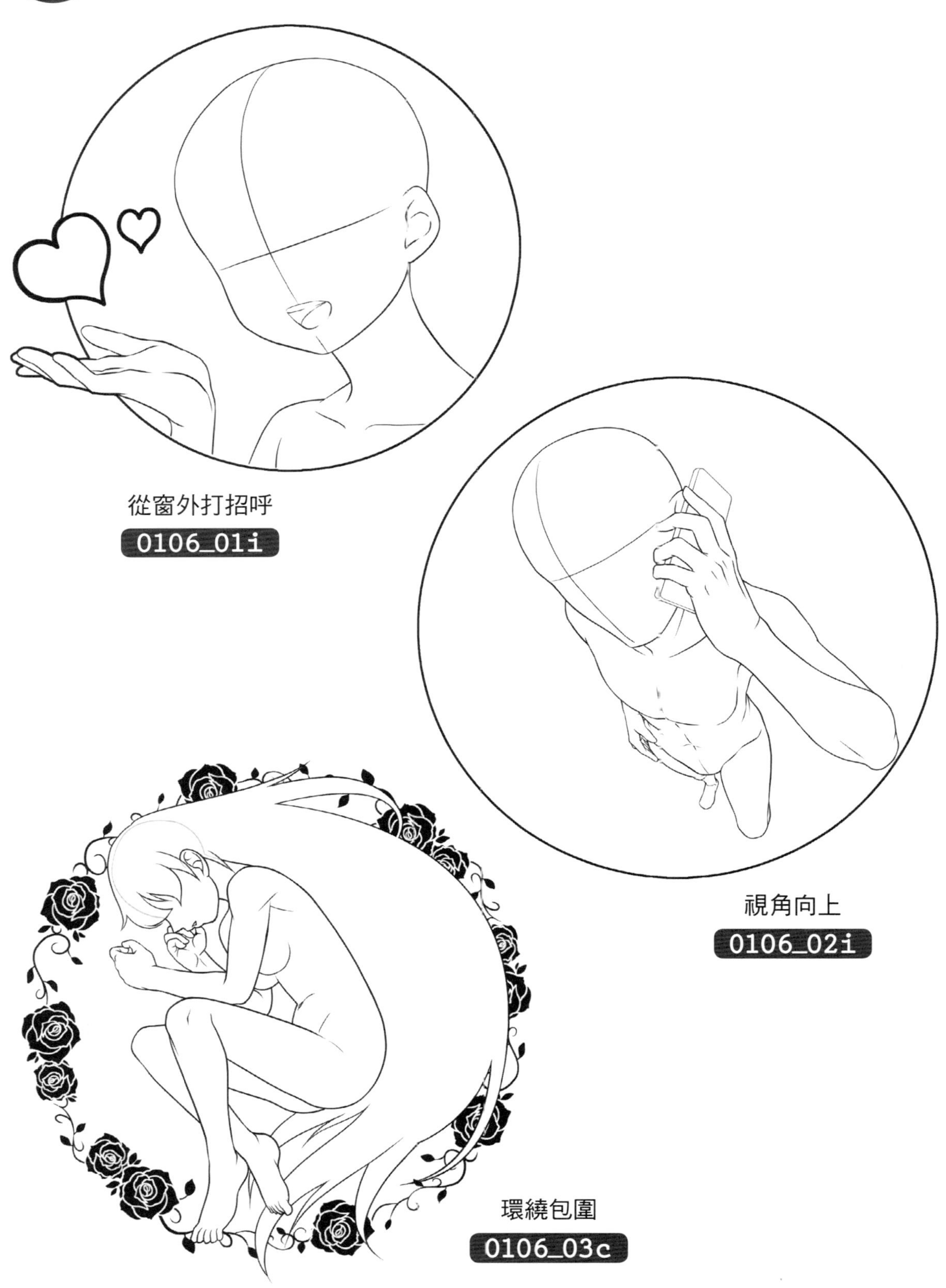

從窗外打招呼

0106_01i

視角向上

0106_02i

環繞包圍

0106_03c

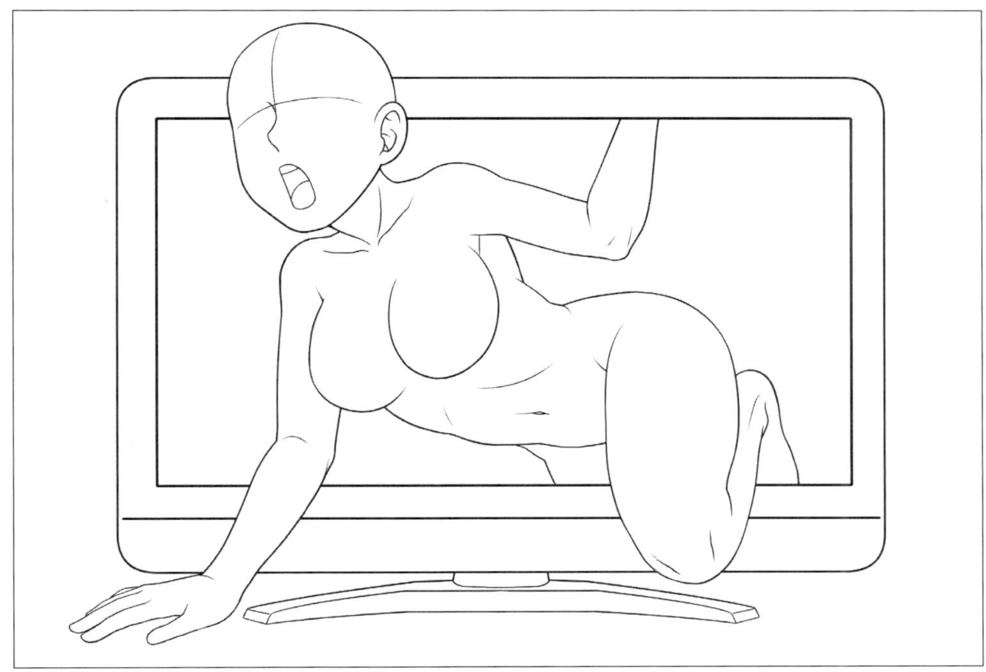

飛出畫面 1

0106_04c

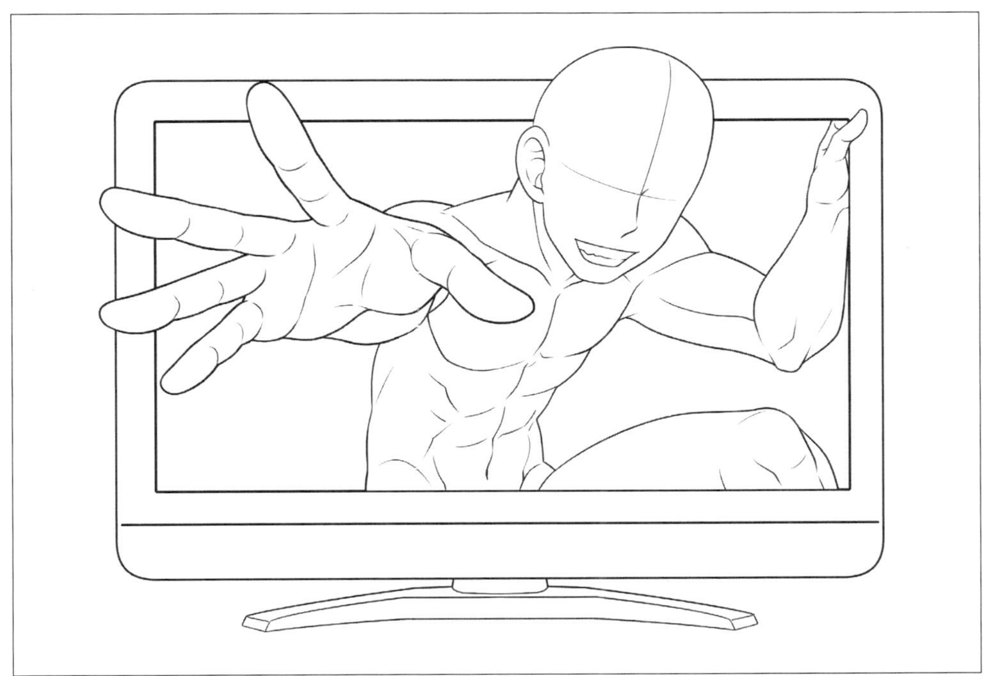

飛出畫面 2

0106_05c

06 特殊構圖

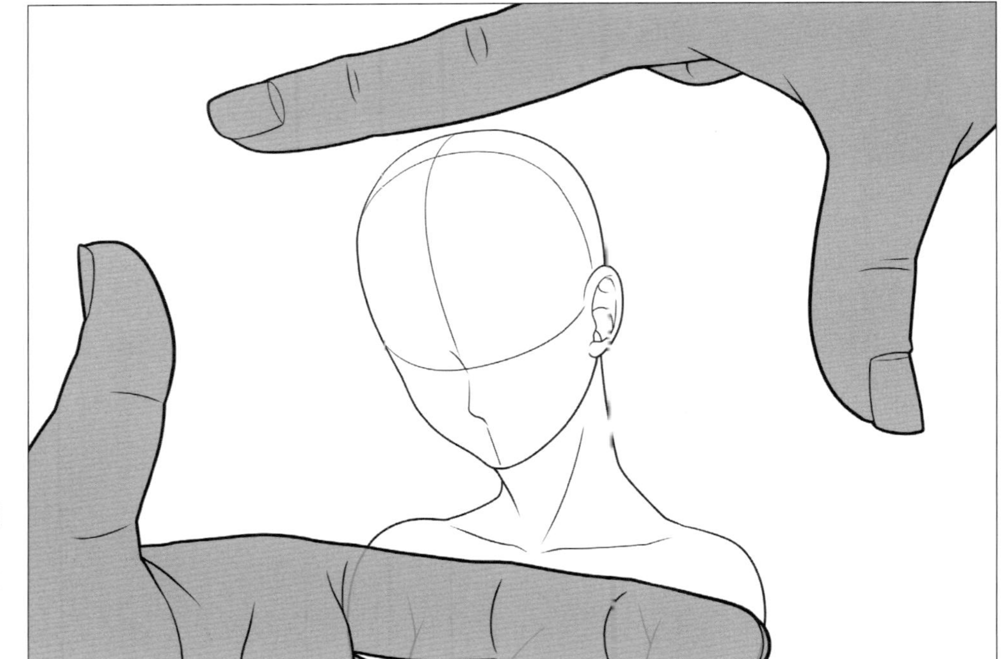

手比相框

0106_06c

聚焦中央人物的插畫範例。將前面的手指以暗色描繪，強調出畫面的遠近感。

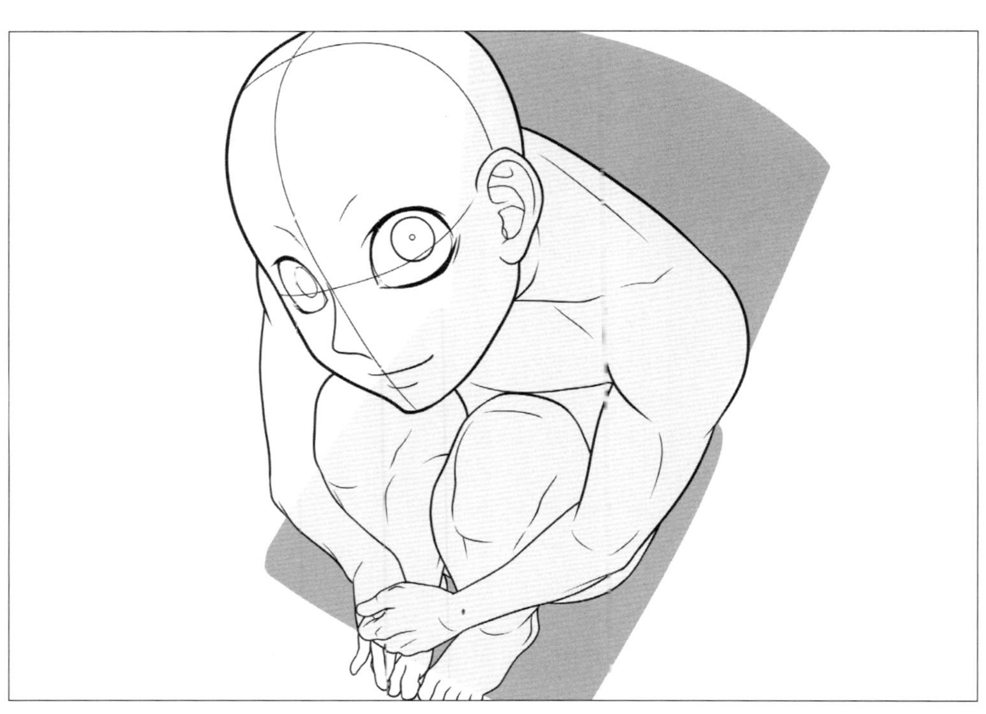

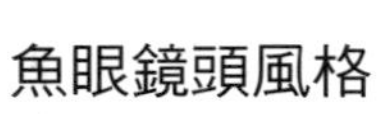

魚眼鏡頭風格

0106_07c

魚眼鏡頭風格，也常用於監視攝影機的繪圖。中央形狀放大卻有些變形，適合用在特殊畫風的創作，或是氣氛有異的場景。

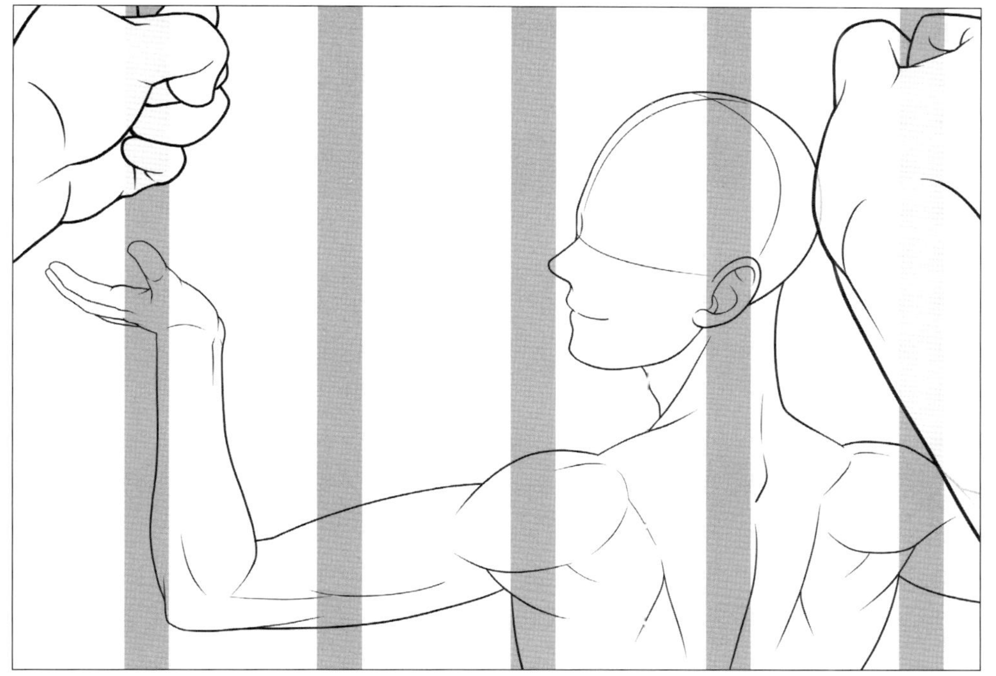

面向鐵窗

0106_08c

主角到來、面向鐵窗的特殊構圖。可活用於逃獄場景或遭到逮捕，卻神態自若的場景。

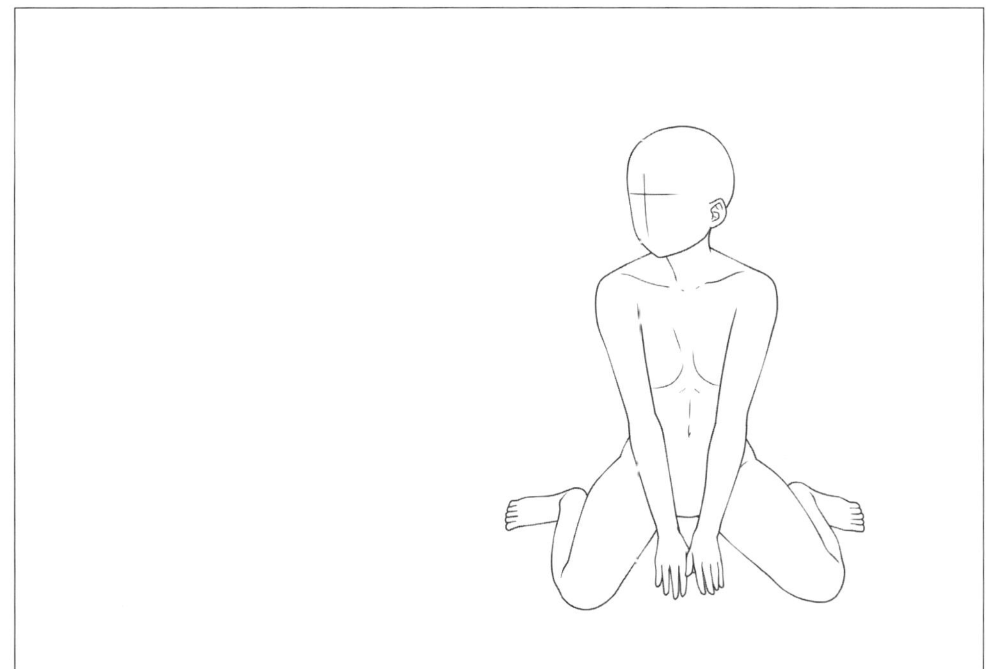

空缺感

0106_09e

左邊留下了很大的空間，讓人感覺「那裡應該有誰」的構圖。也可以放入標題等，但如果加上小道具，讓人可思念起離去的人，更能為插畫添加戲劇效果。

06 特殊構圖

櫻花樹下

0106_10h

依照春夏秋冬時序的構圖，用於信息小卡或是季節插畫都很方便。也可試著搭配描繪有季節感的服裝。

夏日度假

0106_11h

秋日閱讀

0106_12h

聖誕佳節

0106_13h

構圖故事

個人喜好篇

空白

比起角色分散於畫面的構圖，我個人比較喜歡的構圖是角色集中一區，畫面留有空白。

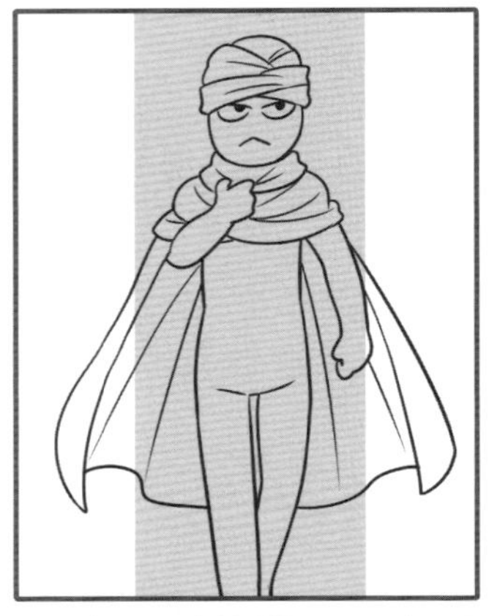

雖然我也喜歡如右邊平穩的構圖，但是例如左邊的構圖，刻意將分量集中在畫面上方，很容易表現出躍動的姿勢，是一種很好用的構圖方式。

針對想不到該如何構圖或擔心構圖不好的人，這裡簡單為大家整理推薦可以將角色集中一處，刻意留白的構圖。

即便只有一個角色，我也喜歡分量集中在某一區的輪廓構圖。

第2章

2人構圖

01 相似的同伴

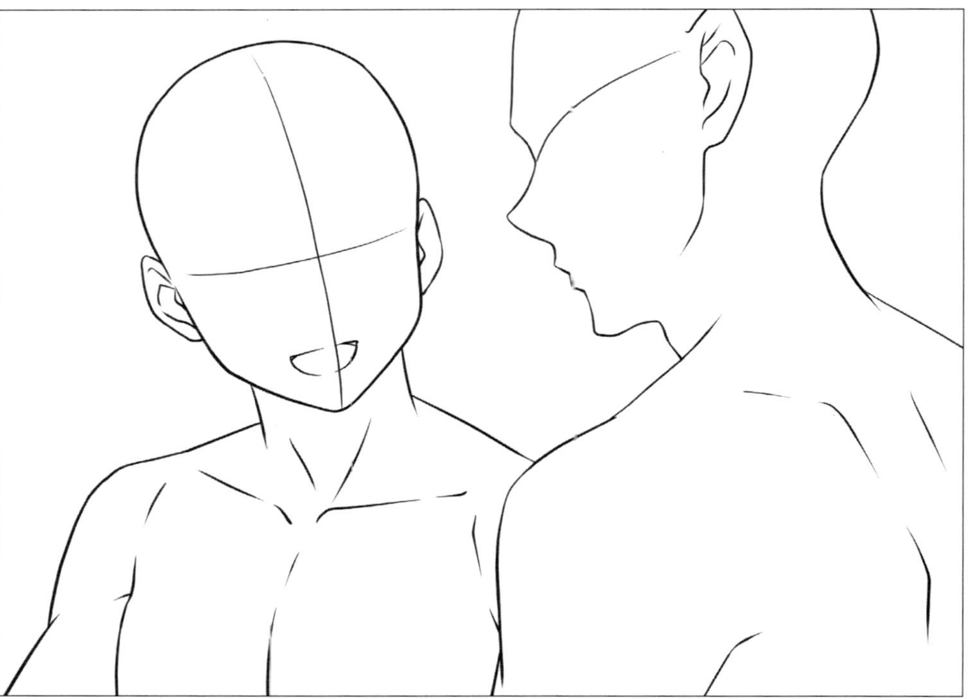

對話場景

0201_01i

在三分法的切割線上，配置兩位角色的構圖。是戲劇中經常出現的對話場景。

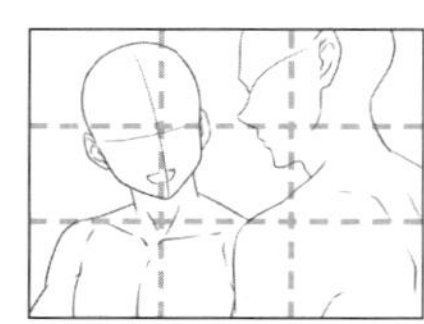

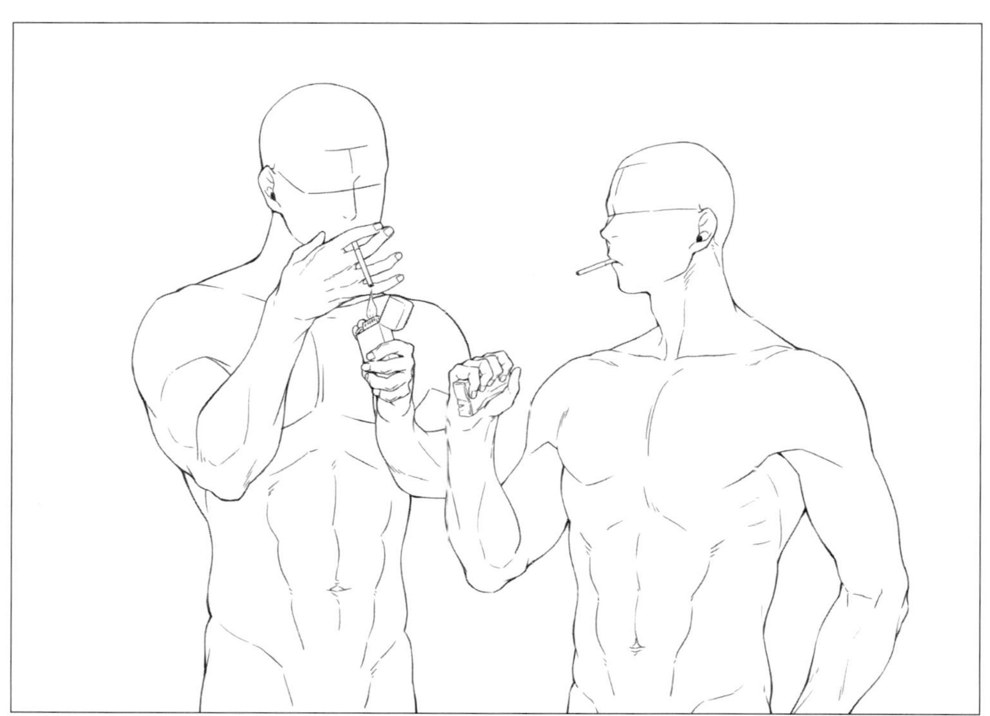

抽菸場景

0201_02g

相互牽絆

0201_03o

於畫面中心，左右對稱擺出姿勢的兩人。P85的插畫就是活用這個構圖。

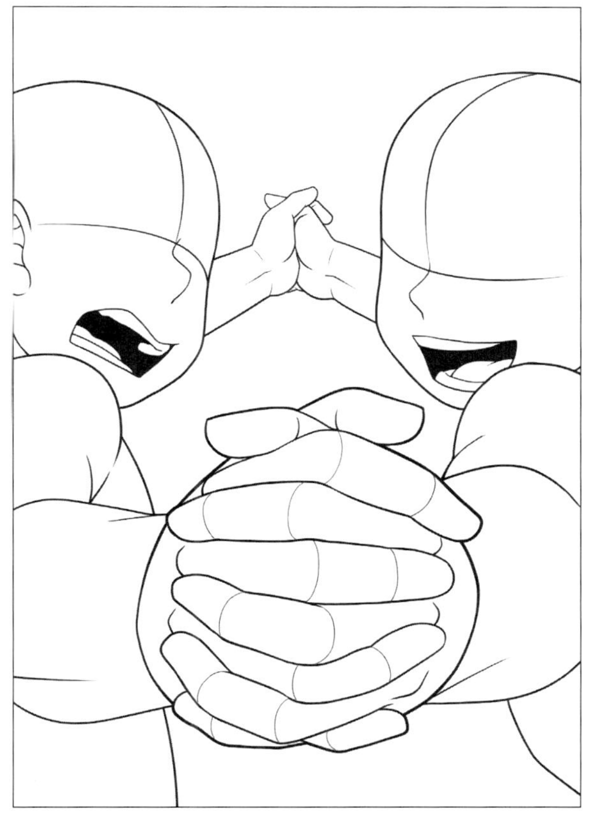

同心協力

0201_04c

這也是左右對稱的構圖，但卻給人完全不同的印象。合併握拳的顯眼構圖，加強畫面力道又帶點幽默色彩。

01 相似的同伴

延長伸展

0201_05c

左側空間寬廣的構圖，沿著角色弧線，畫出背景和地面，呈現如廣角攝影相片的視覺感受。

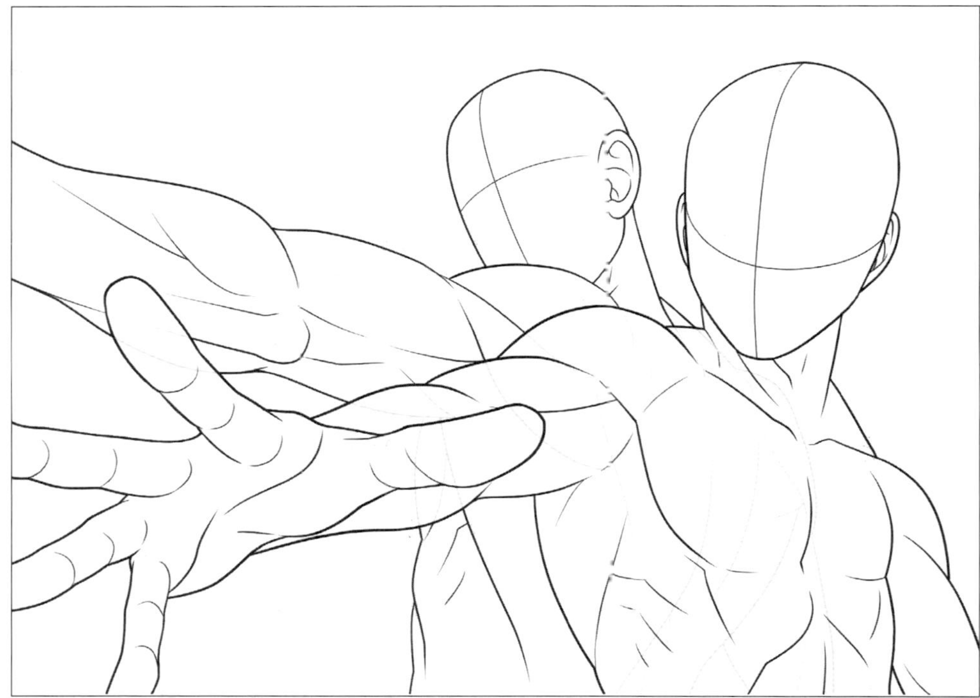

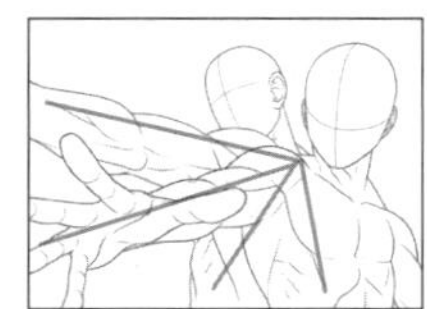

力量強大

0201_06c

從一點呈放射狀，畫出手臂以及身體的方向，展現氣勢。

挽手

0201_07c

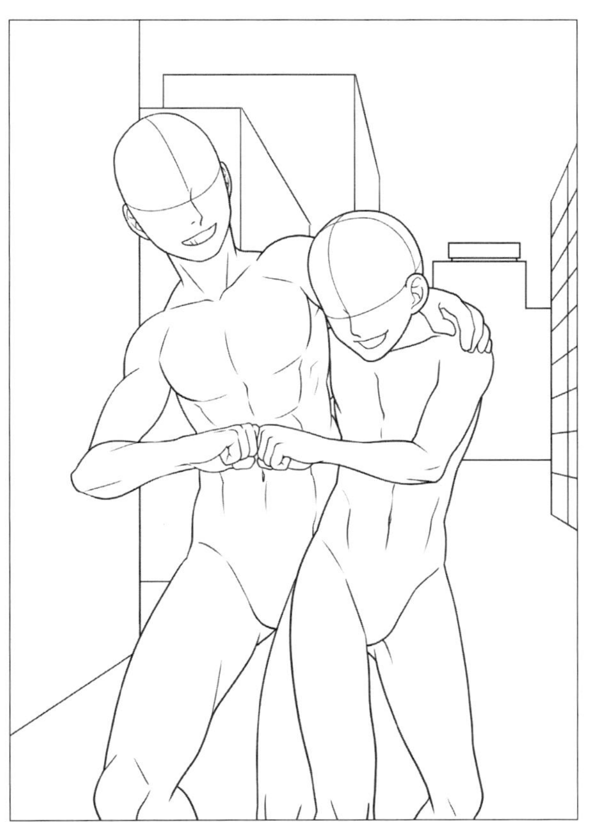

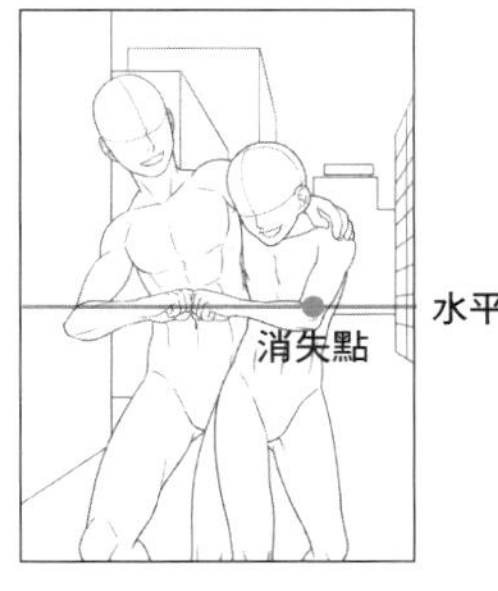

摟肩

0201_08c

水平視線（相機位置）落在角色腹部的位置，可作為透視描繪景的基準點。

01 相似的同伴

挺拔站立

0201_09m

仰望視角的構圖，畫出圓形，如收入圓內般，將兩人皆配置於圖中，創作出如朋友或合作夥伴般，關係親近的插畫。

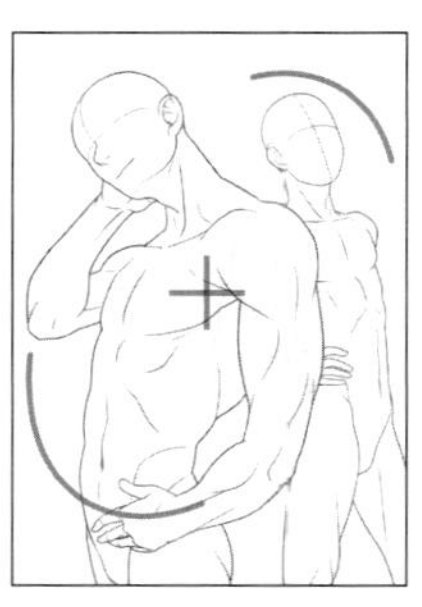

性格各異的組合

0201_10c

決定中心點，在該點加上魚眼鏡頭的變形構圖。與上圖的兩人相比，可看出組合成員各具個性。

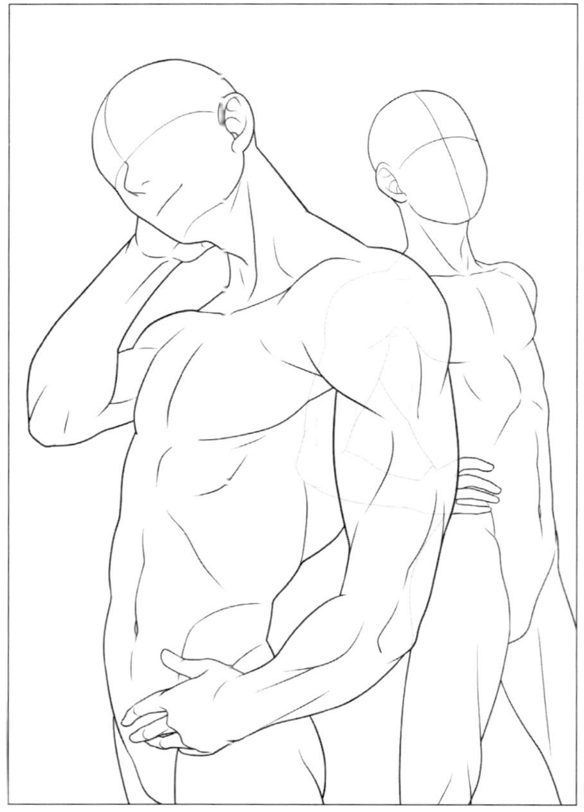

開始應戰

0201_11n

角色的視線以及動作統一朝向左側（畫面外）。刀、槍、背景的屋梁等，都是引導視線轉移在角色的有效元素。在前面加上其他元素（如P6範例的動物），則可強調出畫面的景深。

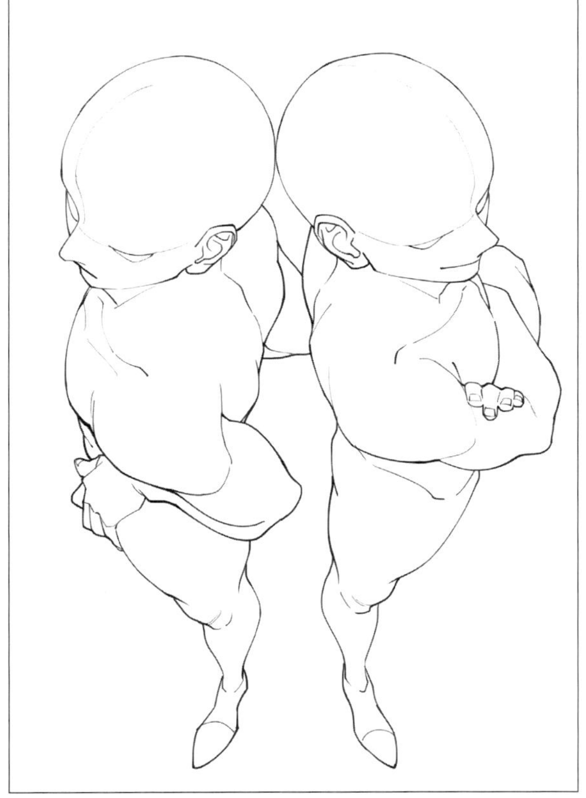

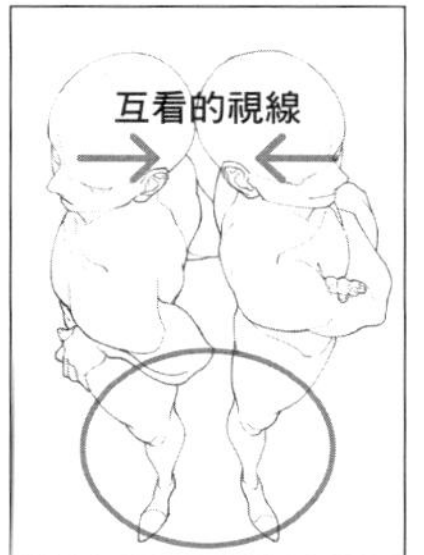

合作夥伴

0201_12m

相互信賴、背靠背的構圖。雖然背對背站立，但是利用互看的視線，表現出彼此的連結感。

02 互補的組合

對話場景

0202_01i

性格和境遇不同的兩人，互相磨合，一同解決問題，這樣的故事是電影或戲劇的經典情節。為了在一張圖表現角色的迥異，姿勢和體型的描繪區分是很重要的。

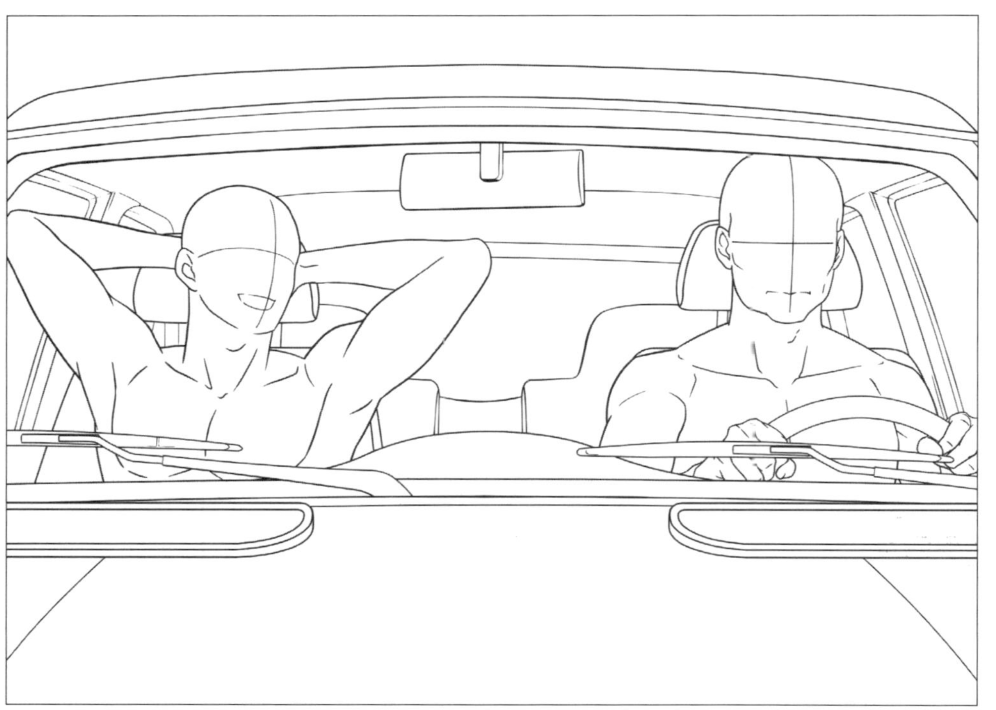

開車駕駛

0202_02i

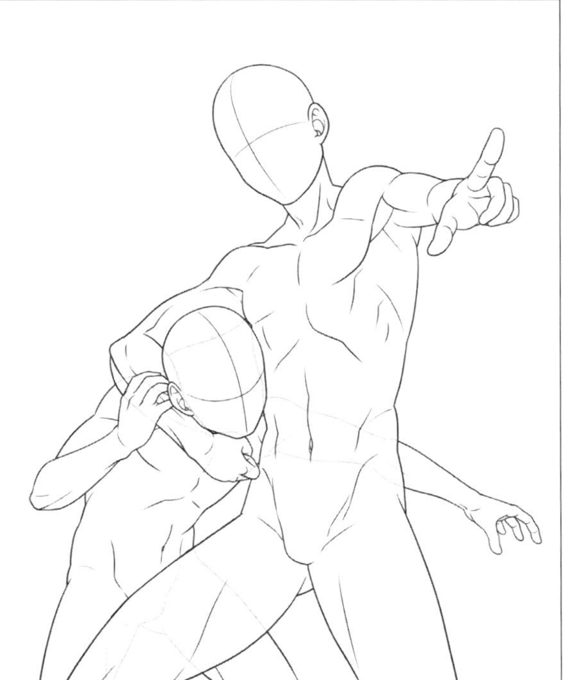

單方面友好

0202_03c

在構圖中統整兩個人的動作姿勢會有些難點，而這張圖的創作方式，是將肩線統一配置在同一條線上。

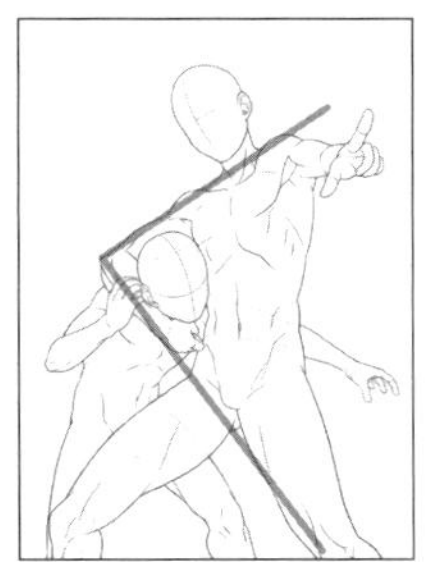

有年齡差距的兩人

0202_04o

性別和年齡都有差距的組合。運用這個構圖的範例請見 P8。

02 互補的組合

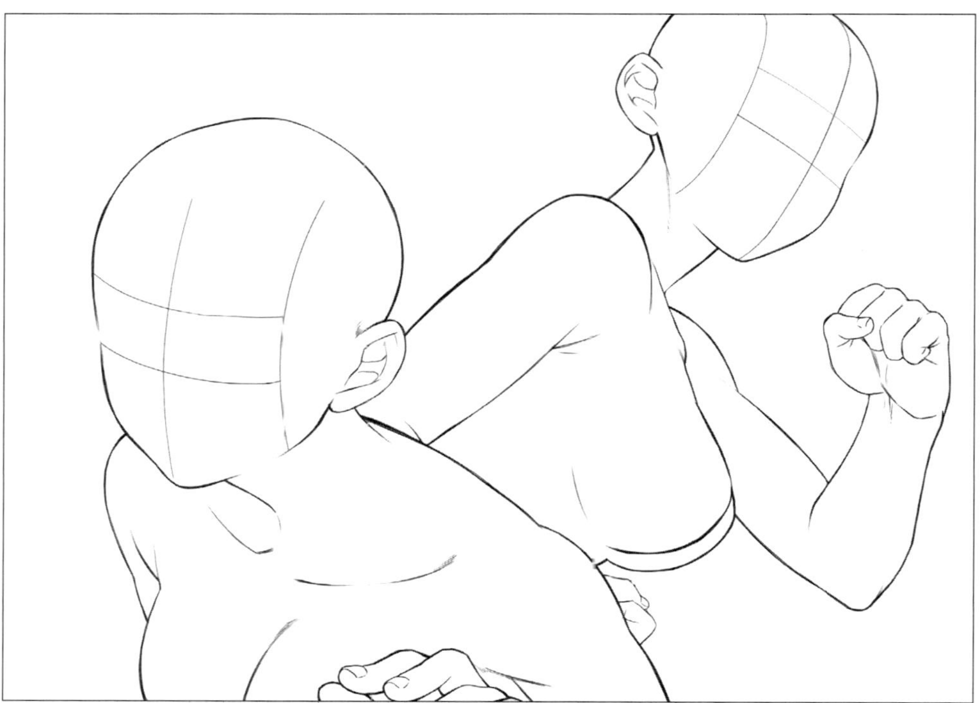

一起戰鬥

0202_05h

逆向的三角形框架比例，充滿動態感的組合構圖。兩人視線是否交會，將影響整體繪圖的印象。

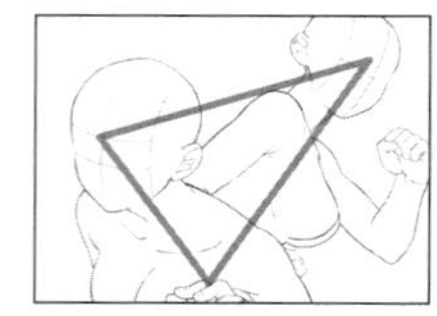

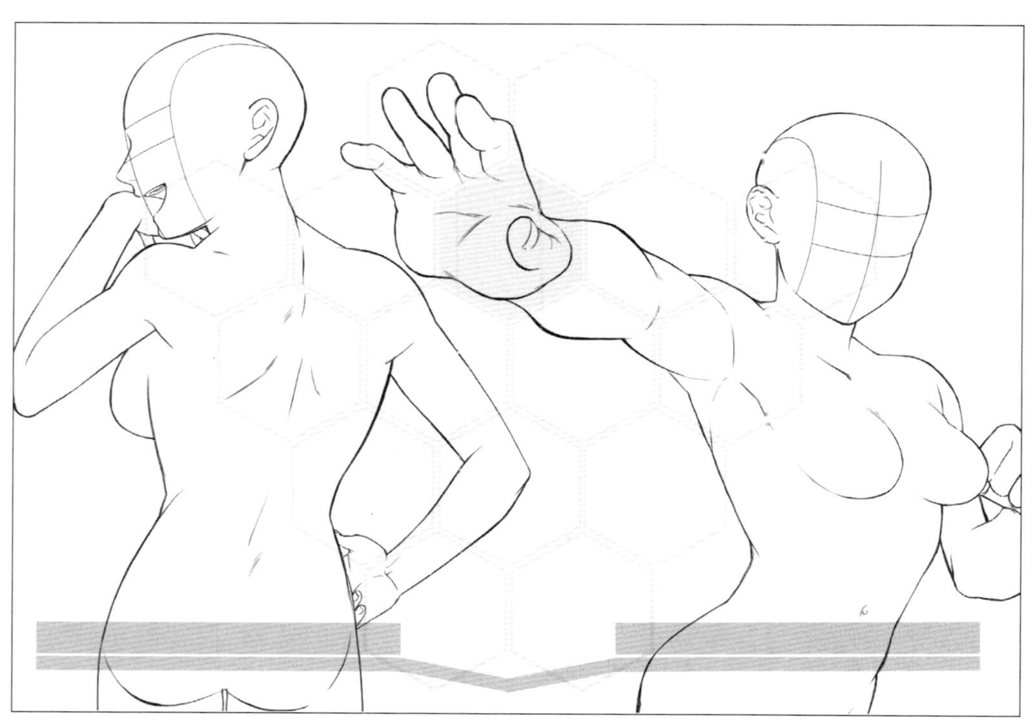

格鬥遊戲風格

0202_06h

俯瞰的招牌姿勢

0202_07i

活潑角色的手腳動作較大，冷靜角色的手臂朝內，身體傾斜等待，加上姿勢就可以表現出角色性格的差異。

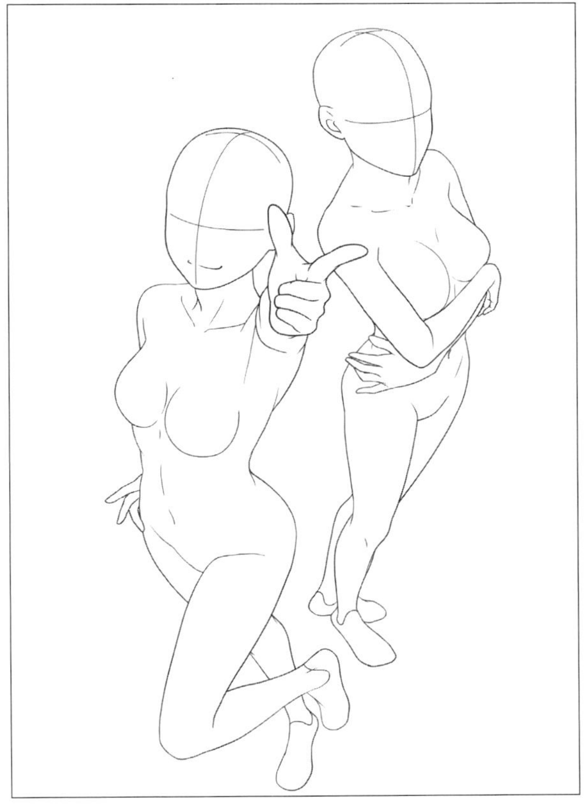

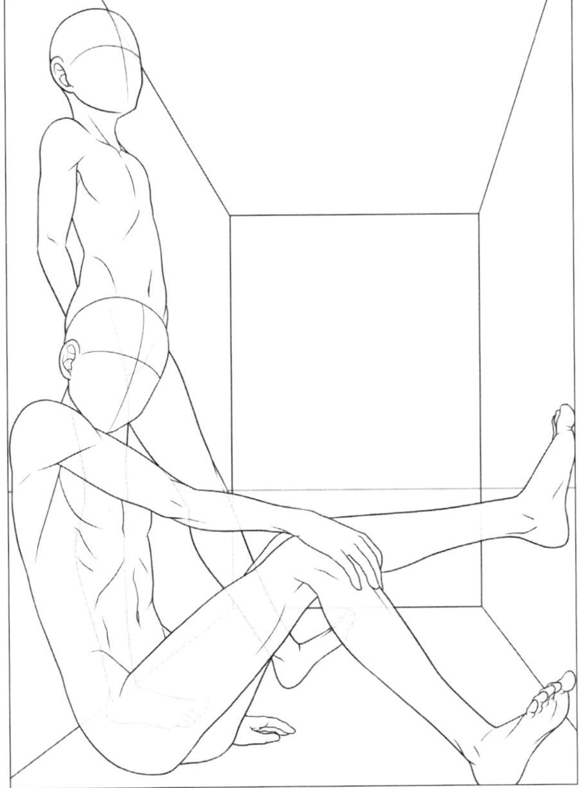

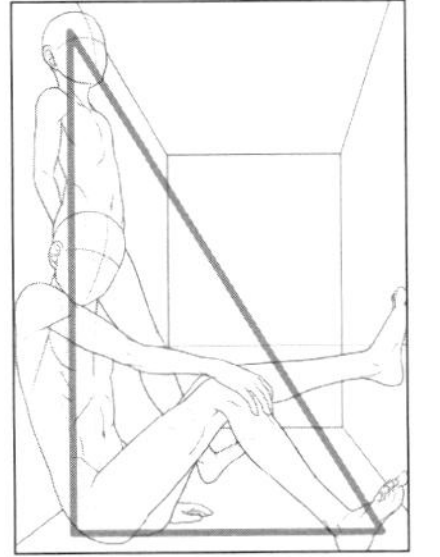

狹窄空間

0202_08c

在畫面可看到天花板以及地面，表現出在狹窄空間的兩人。這種構圖很適合利用於「在停止的電梯內等待救援，或是無法打開房門、受困其中」等狀況。

03 幸福的情侶

背後擁抱

0203_01c

向前飛撲的女性手臂，與感到驚訝的男性手臂前端，配置在同一條線上。將男性身體描繪成後傾的樣子，更能感受飛撲的力道。

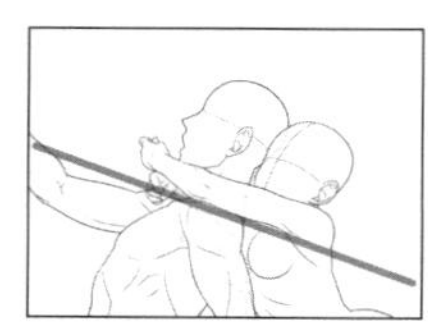

牽手

0203_02c

牽手的動作稍稍拉開了兩人的距離，所以用相連的手和相視的眼神，演繹出彼此的心意相通。

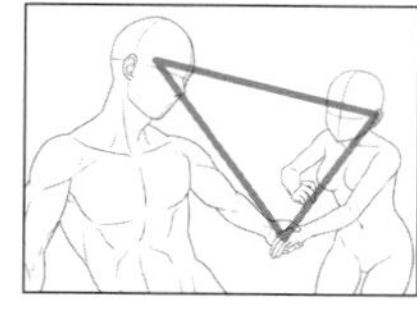

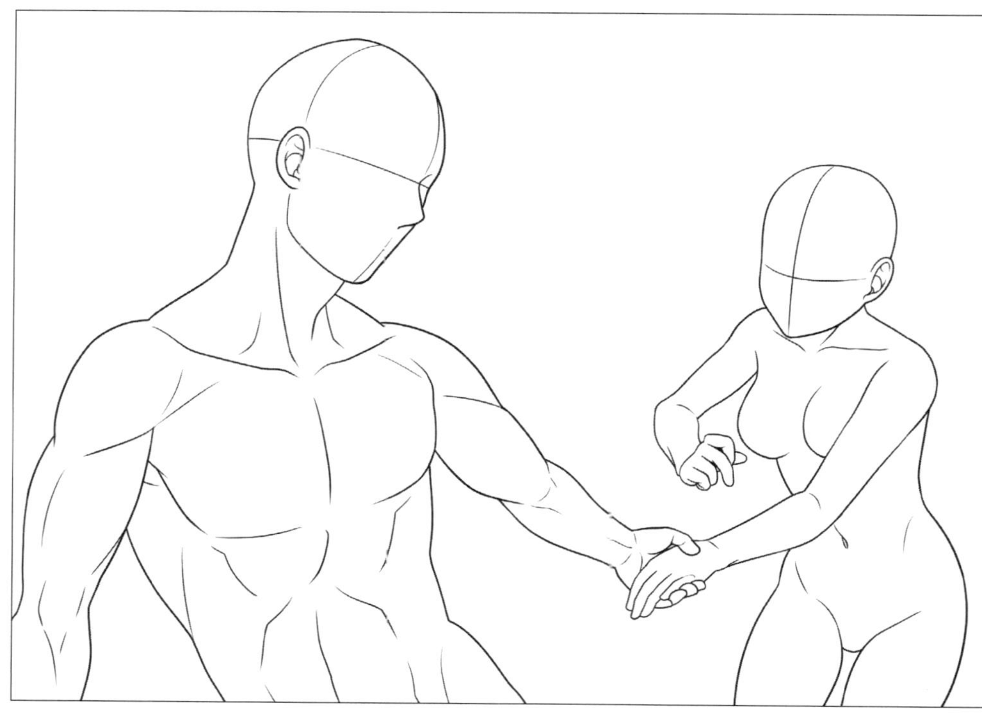

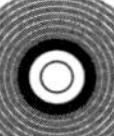

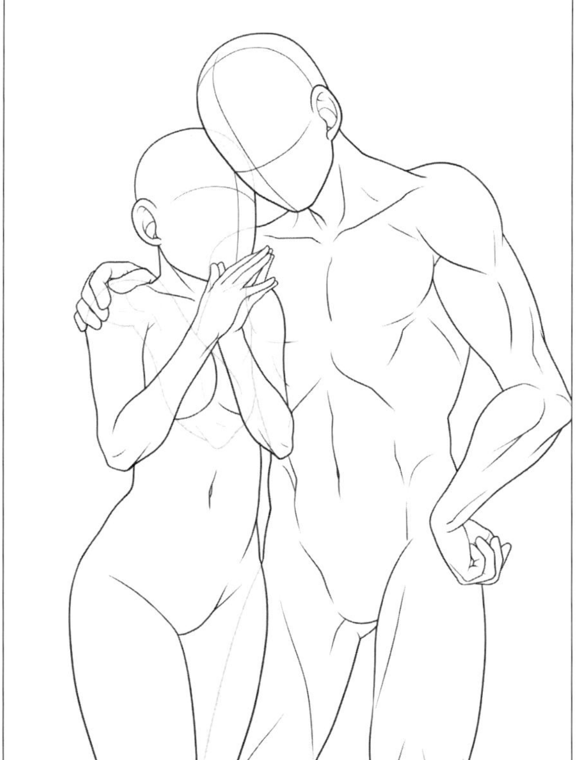

互相依偎

0203_03c

較高的男生身體稍微傾斜，將臉靠近的場景。以超近距離，表現戀人間的親密感。

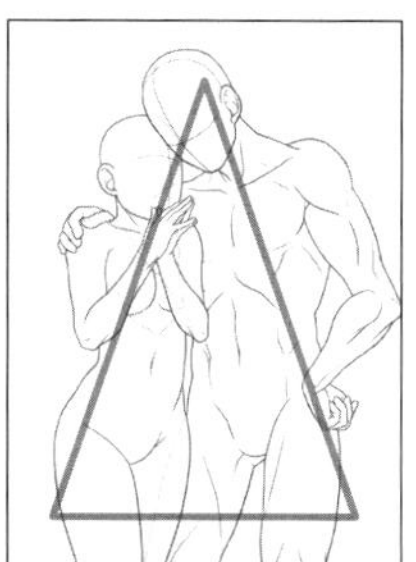

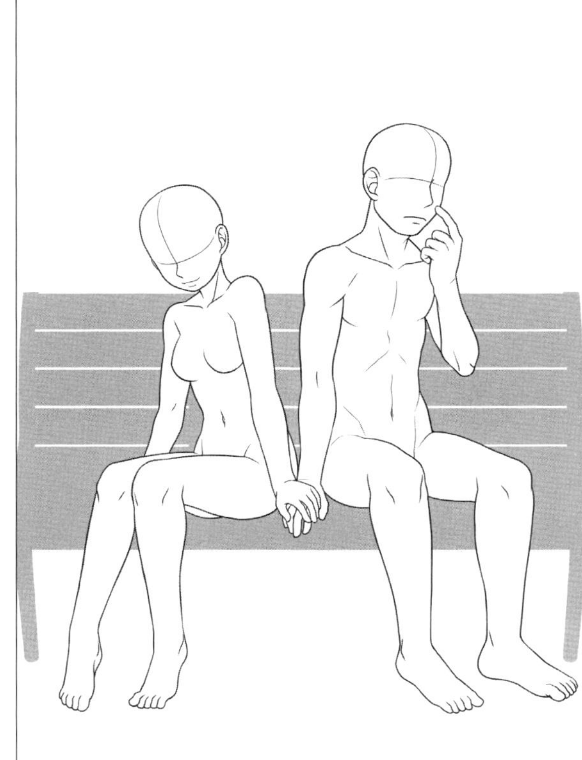

齊坐板凳

0203_04c

這張圖與上圖相反，兩人坐著、臉部稍有距離的場景。兩人身體的朝向，與男生的害羞反應，創造出剛成為戀人的氛圍。

03 幸福的情侶

拍攝照片

0203_05c

手機或相機拍照的構圖，感覺是男生突然按下拍照鍵的自拍場景。

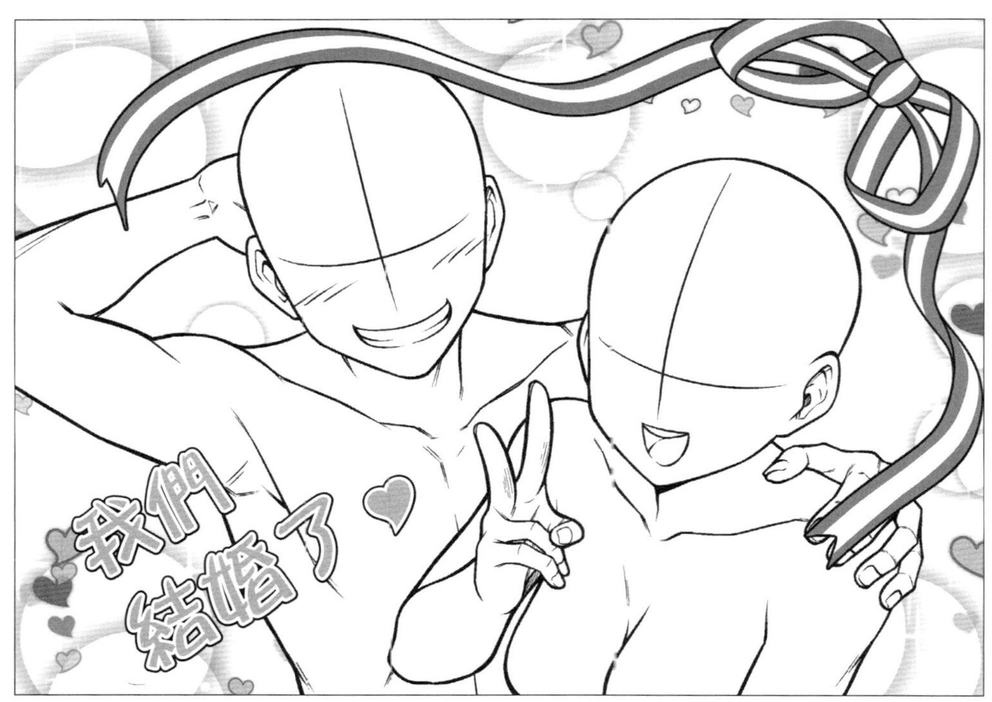

訊息小卡

0203_06j

送給親朋好友附照片的明信片，將幸福昭告天下。

第1章 1人構圖
第2章 2人構圖
第3章 3人～4人構圖
第4章 團體登場的戲劇性構圖

嘻笑玩鬧

0203_07i

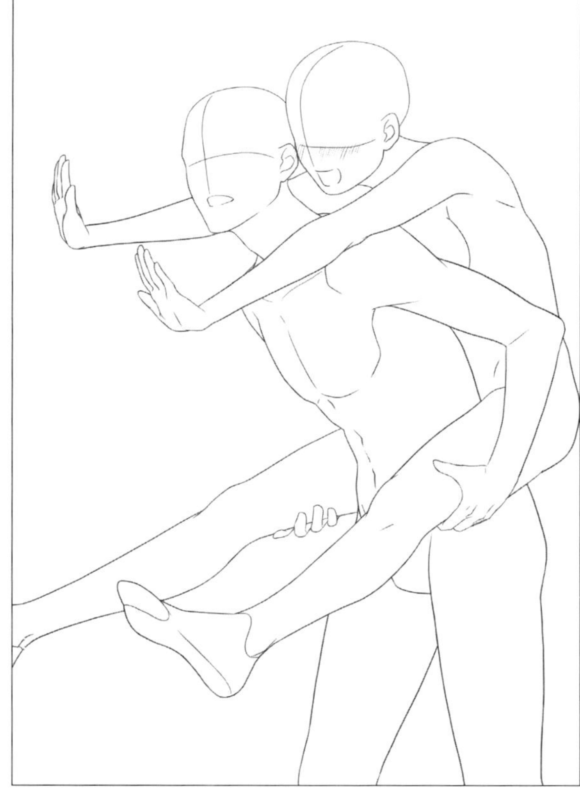

戀愛小說風格

0203_08i

戀愛小說或是戲劇封面，大多是主角兩人臉龐清楚可見的姿勢。將一人的臉完全隱藏，擁抱懷中的姿勢則較少見。

03 幸福的情侶

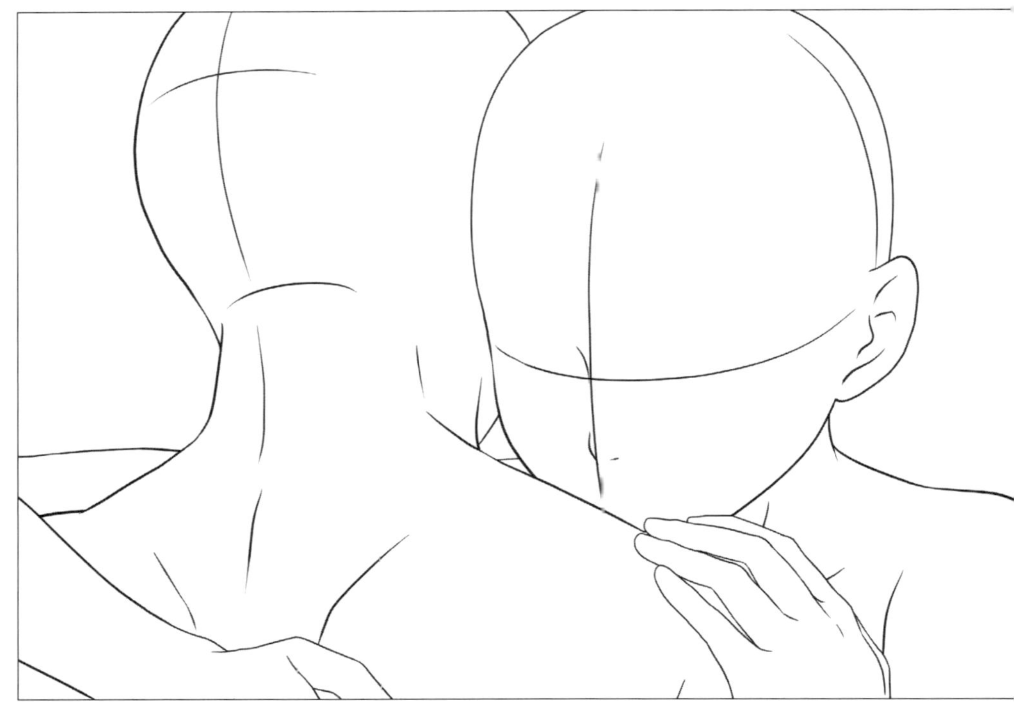

互相擁抱

0203_09i

互相擁抱的姿勢，一人的臉被隱藏。描繪出如鏡頭拍攝般，突顯想表現角色情緒的臉龐。

摟抱擁吻

0203_10i

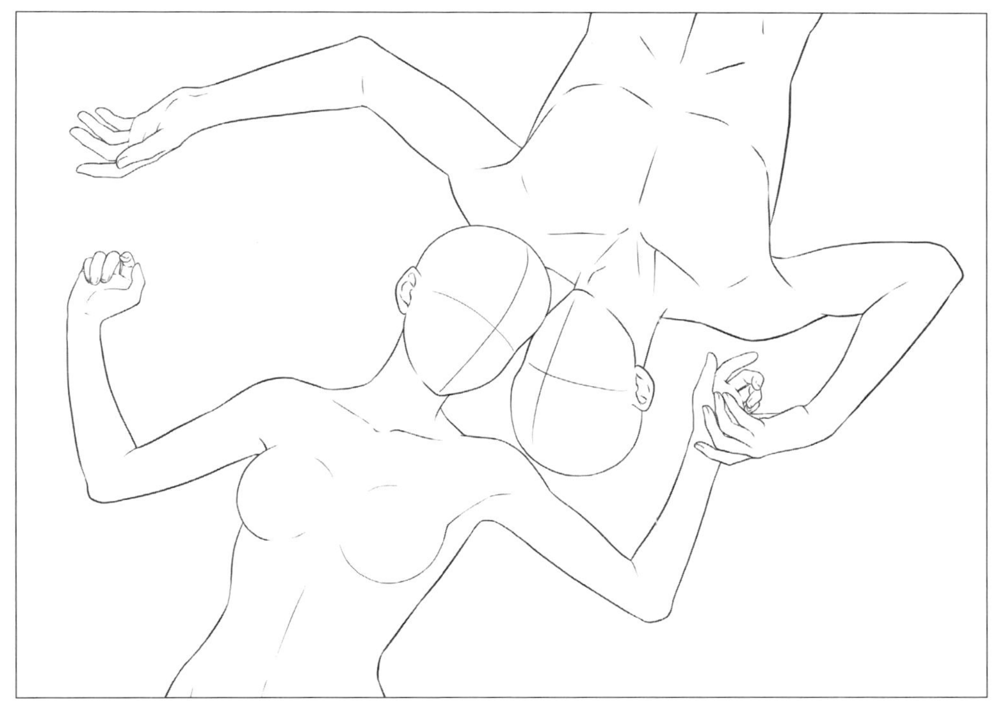

雙頰緊靠

0203_11i

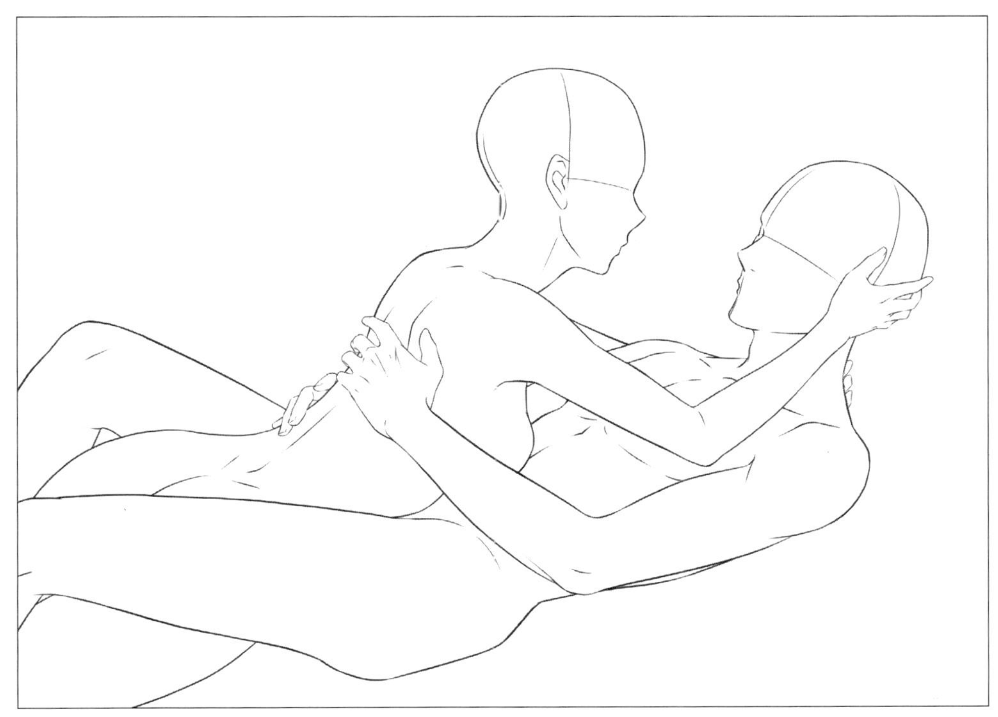

躺下擁抱

0203_12i

04 戀愛的多樣面貌

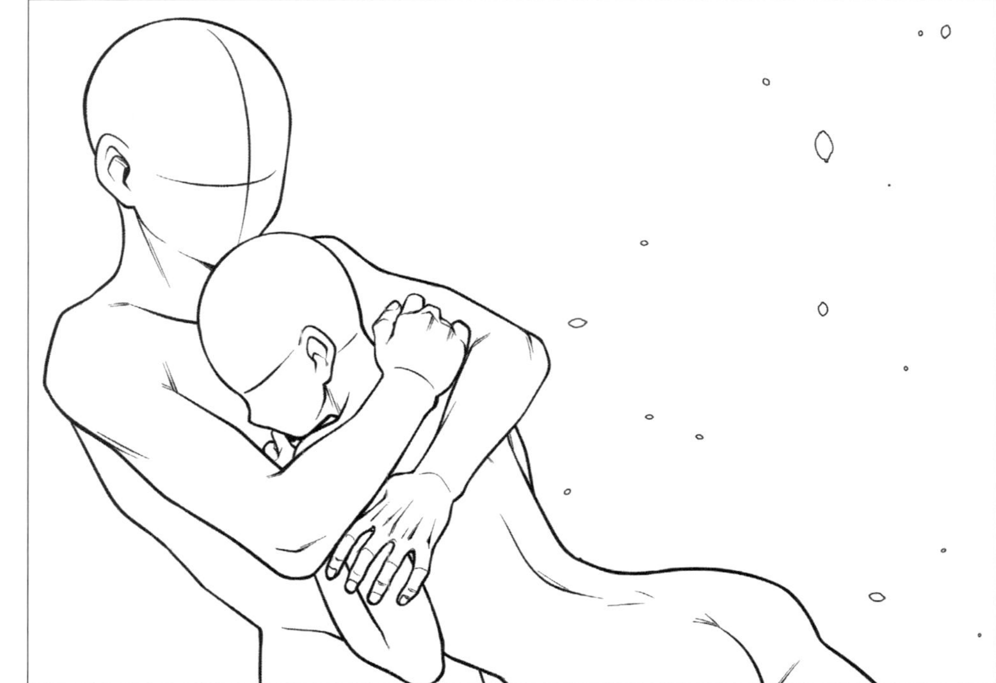

悲傷相擁

0204_01j

刻意留白畫面的右邊，兩人相擁的傾斜構圖。給人對未來相戀之路茫然、不安定的感覺。

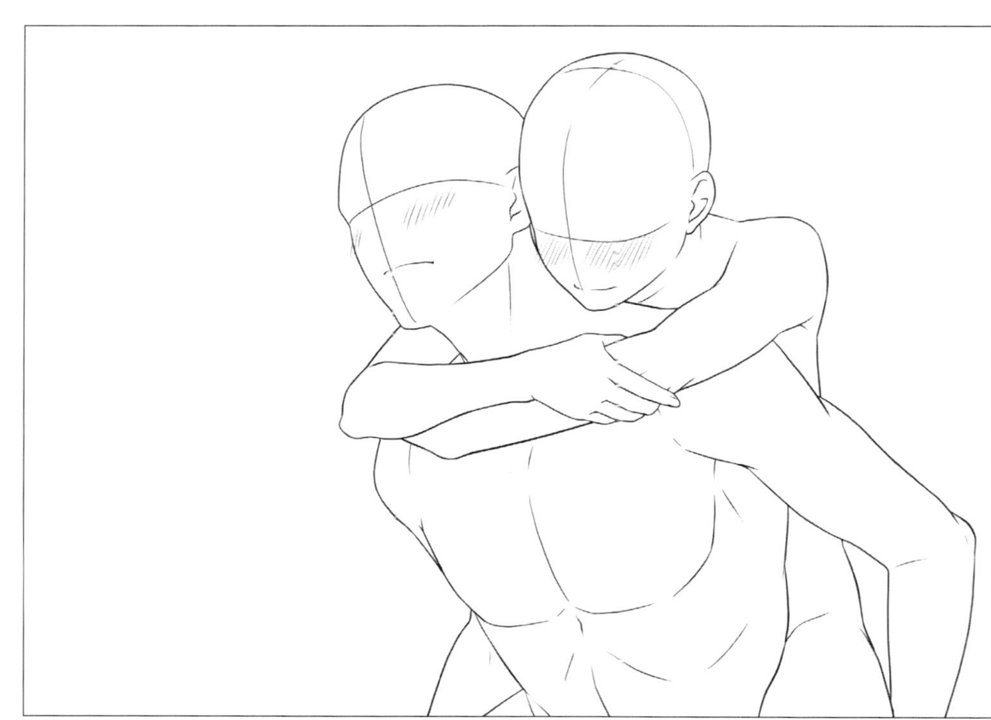

背背散步

0204_02i

與上圖相反，兩人未傾斜，且左邊留白的構圖。揹著女孩的青年，前行之路充滿未來與希望。

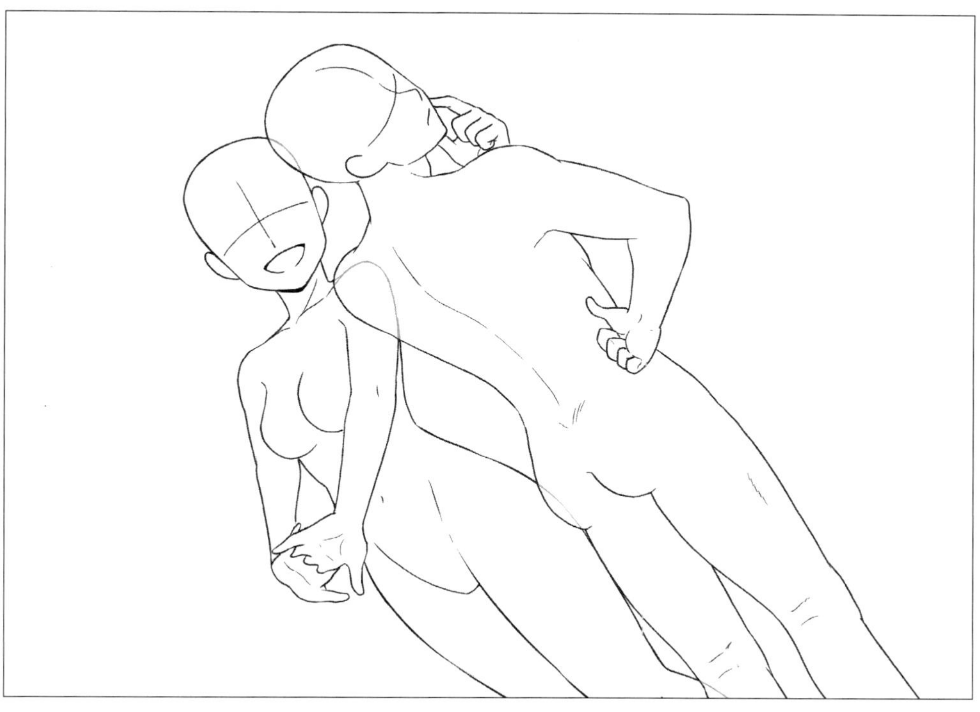

戀人未滿

0204_03f

背面相對，接觸較少的兩人。青年對女孩感到在意，轉身向後的小動作，預示戀愛即將展開。

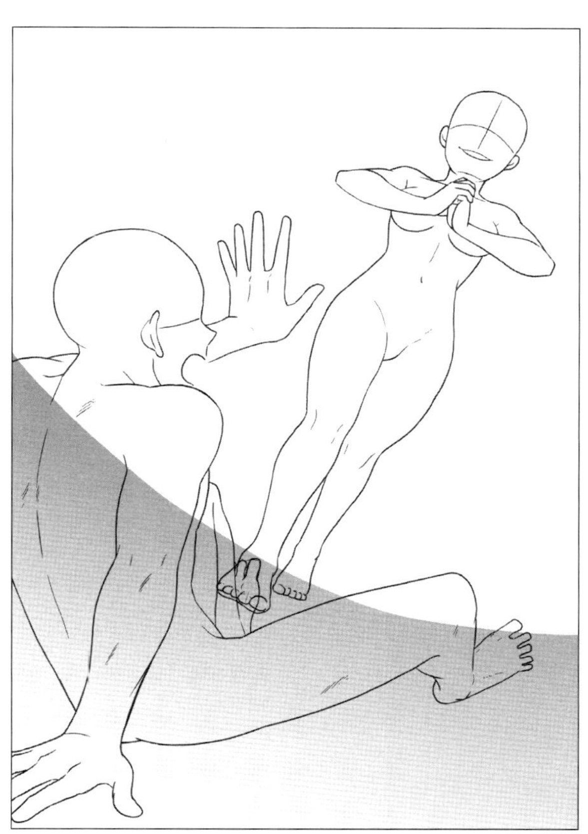

戀愛爭吵

0204_04f

04 戀愛的多樣面貌

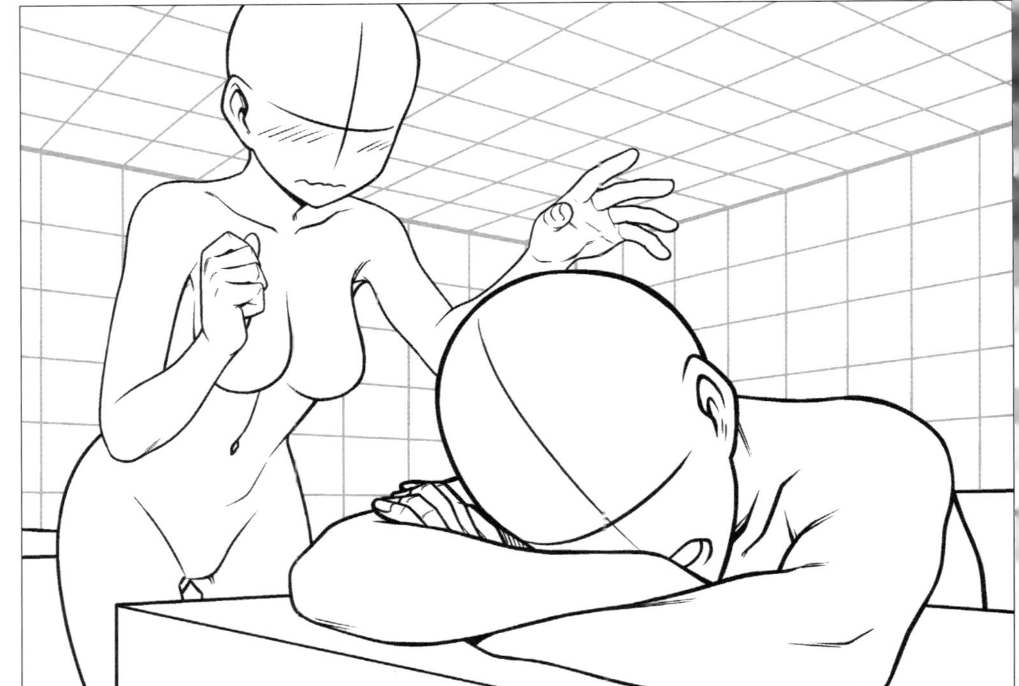

單戀 1

0204_05j

想喚醒睡著的對方，猶豫的手勢是表現單戀的重點

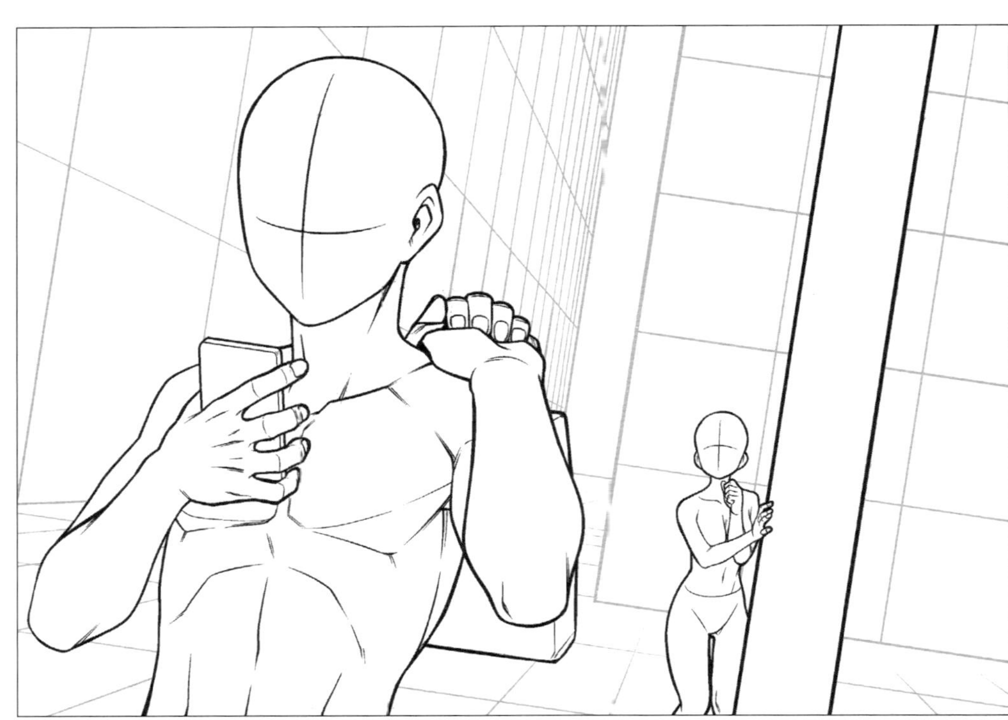

單戀 2

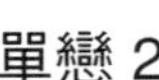

女孩的動作幅度雖然不大，背景的透視線（表示景深的線）集中朝向女性，會讓觀賞視線自然地朝向女孩。

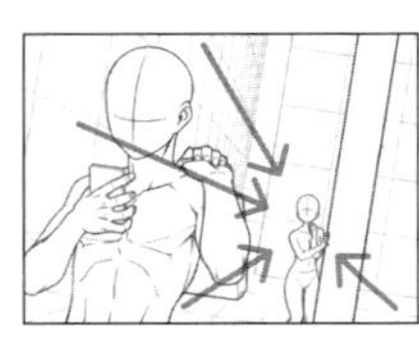

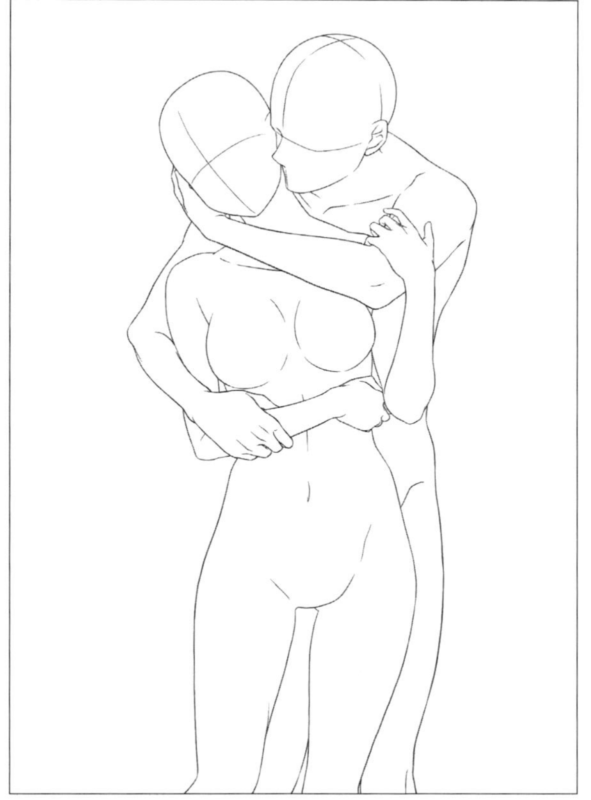

束縛

0204_07i

沒有面對面，視線沒有交會的擁抱，可感受到一方強烈的佔有慾。

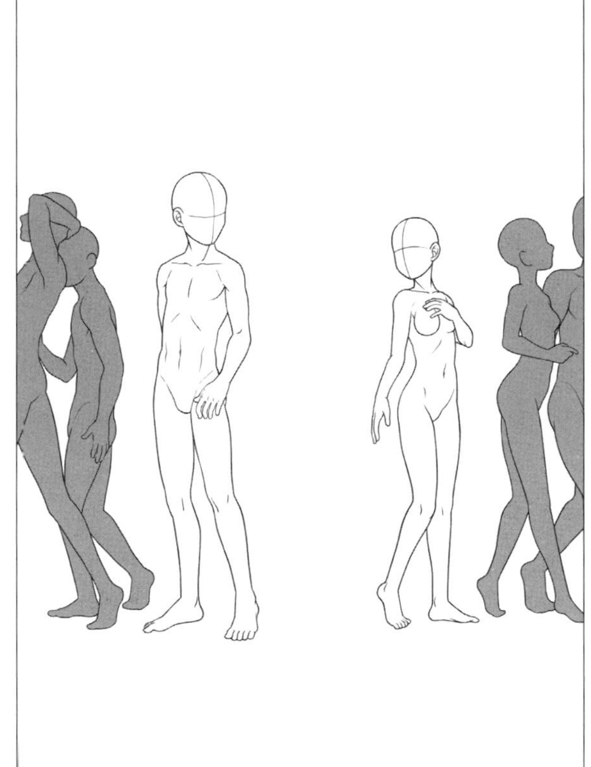

人群中

0204_08c

在街上偶遇在意的人。兩人之間的距離遠近，全憑觀賞者的想像力。

04 戀愛的多樣面貌

背對背

0204_09c

左邊角色的臉朝上，給人信賴對方的印象。但是右邊角色稍微往下看，表現出兩人心境不一的複雜情緒。右邊角色的目光落在框外（超出畫面之外），更散發不安的氣氛。

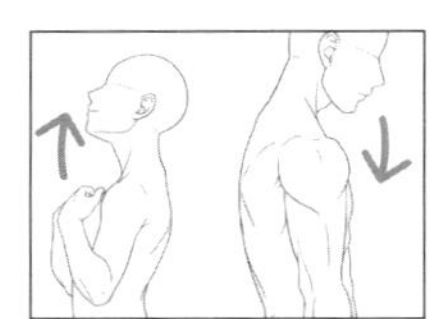

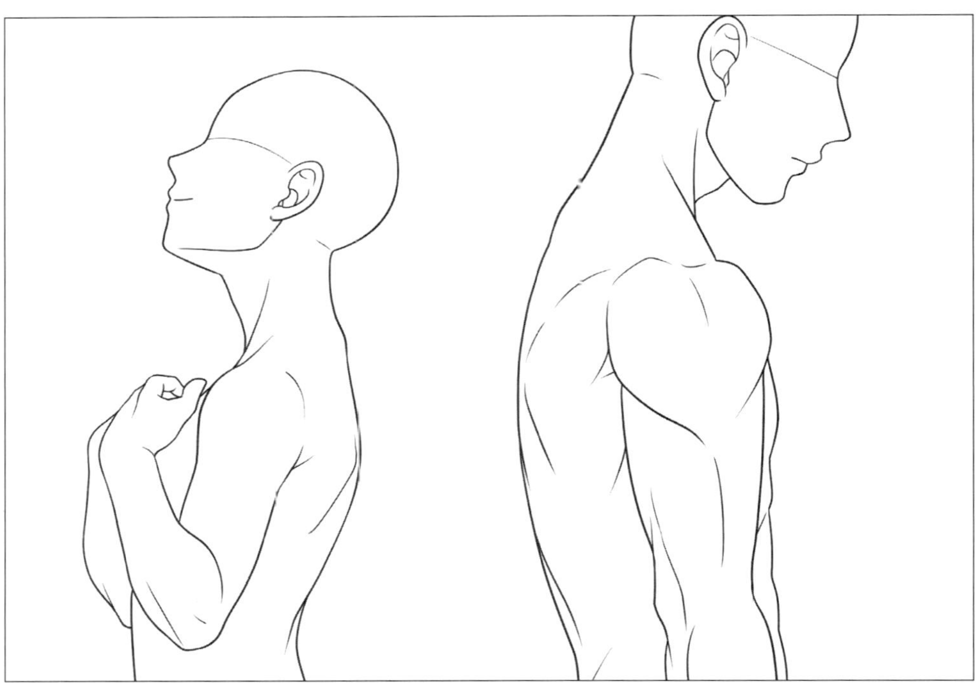

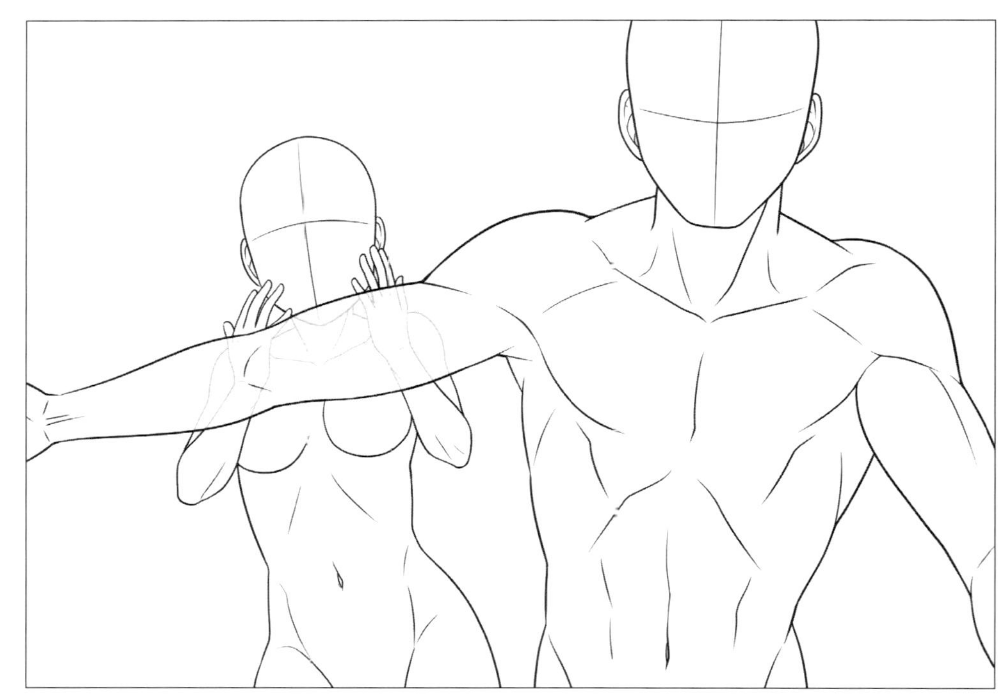

守護

0204_10c

前面人物的一部份超出框外，讓人目光集中在被守護的人物身上，是充滿戲劇效果的構圖。

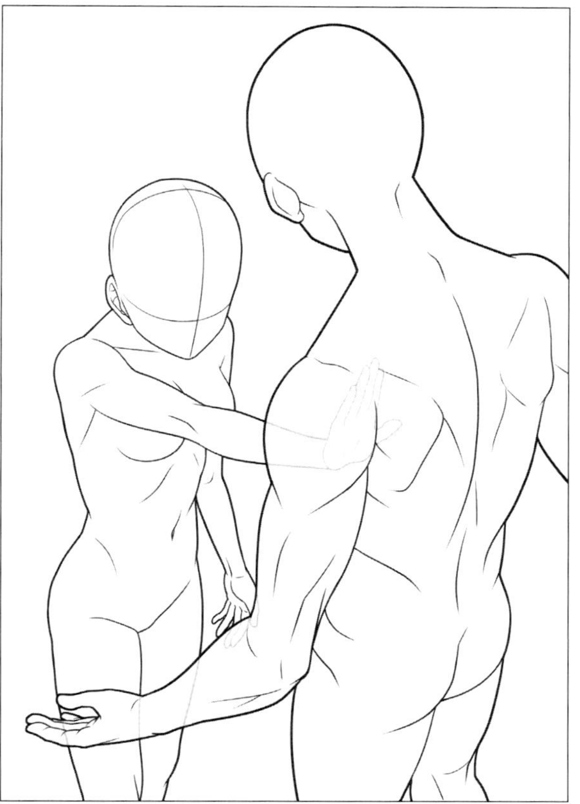

拒絕

0204_11c

俯瞰視角的攝影法則，可看出左邊角色稍微往下看，強調出拒絕的心意。

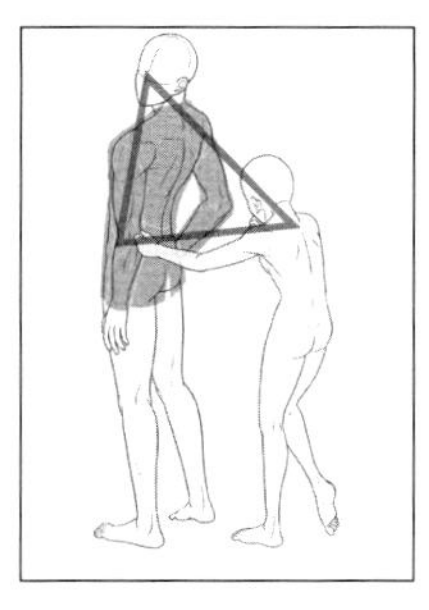

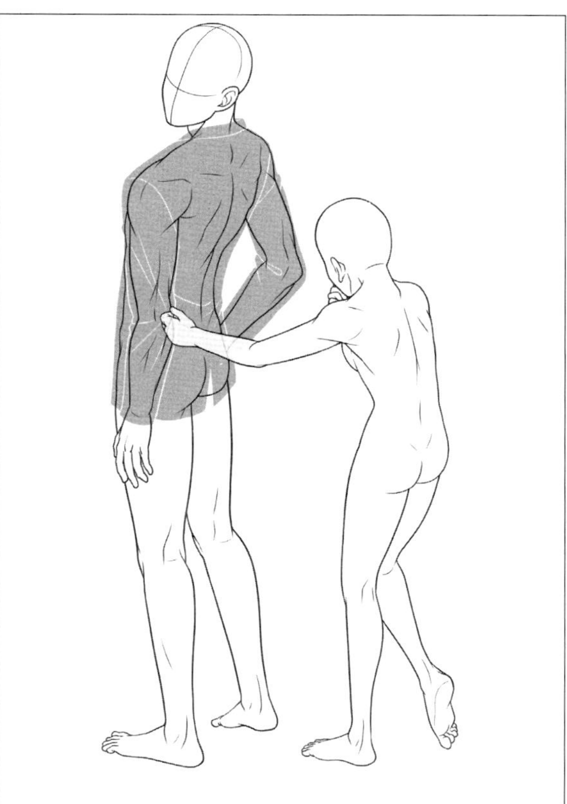

輕抓衣袖

0204_12c

角色的頭和抓住衣袖的手，形成三角形框架比例，畫面結構完整。

04 戀愛的多樣面貌

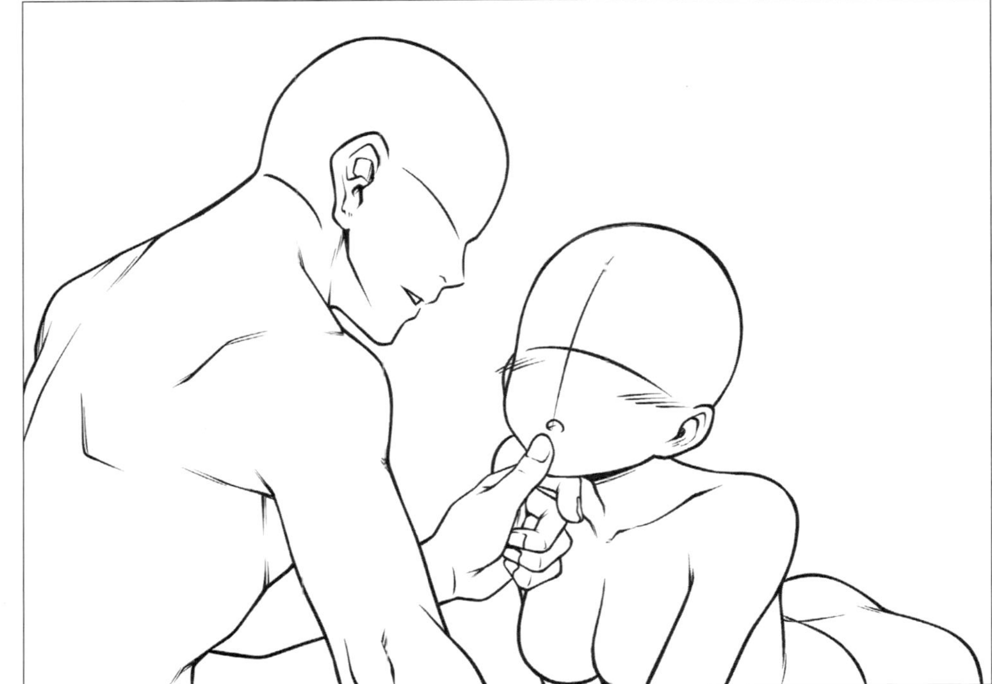

輕抬下巴

0204_13j

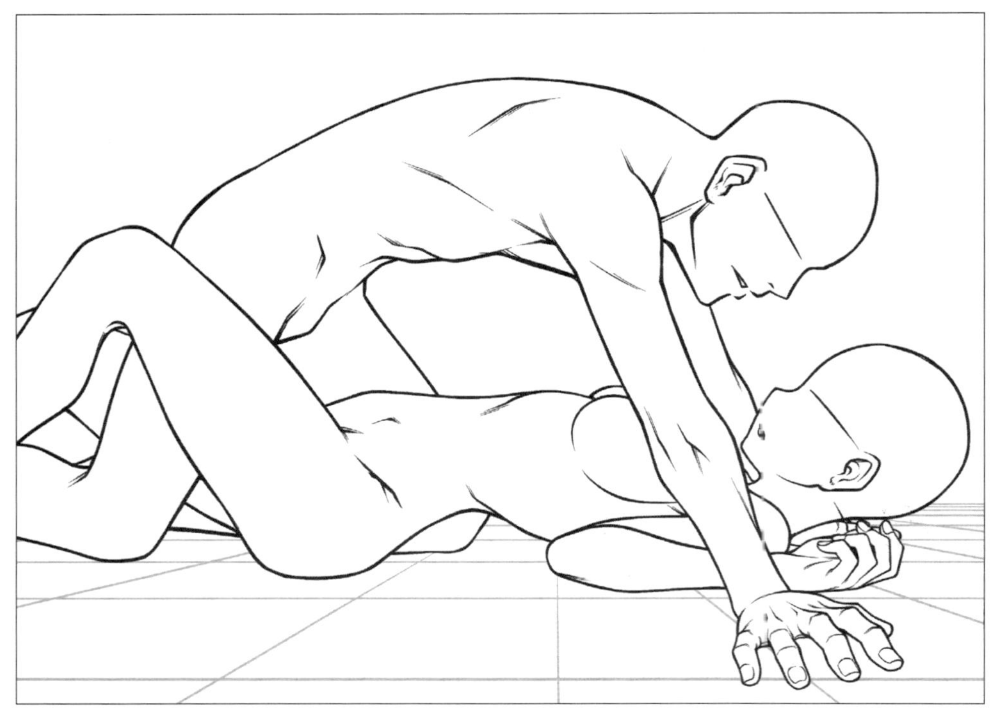

突然壁咚 1

0204_14j

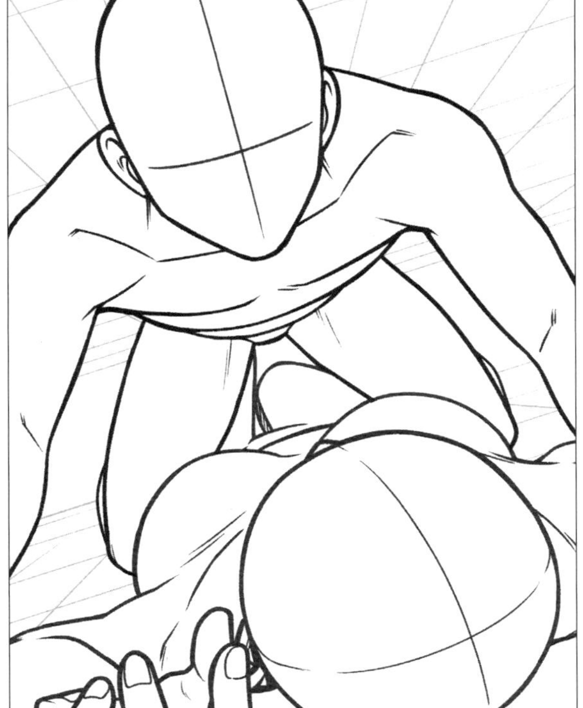

突然壁咚 2

0204_15j

從另一個角度拍攝前一頁「突然壁咚 1」的插畫。

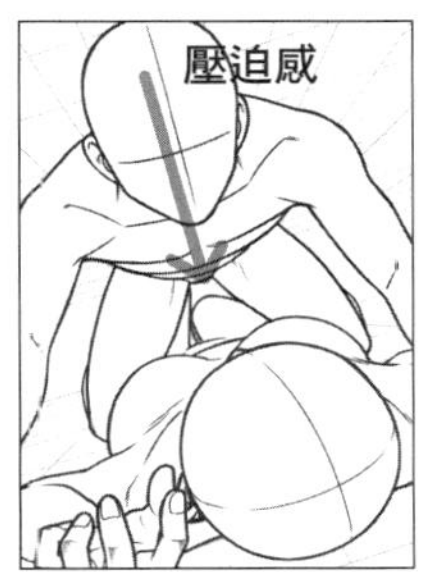

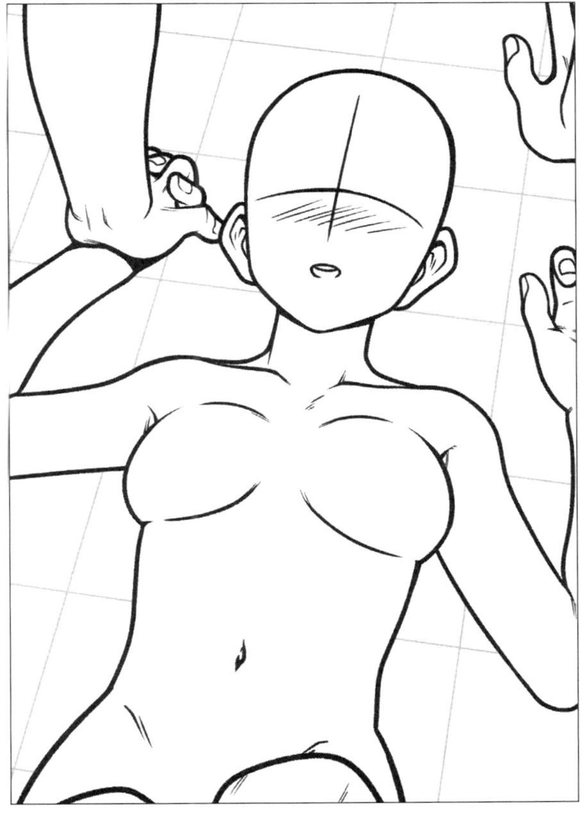

突然壁咚 3

0204_16j

這也是從另一個角度拍攝前一頁「突然壁咚1」的插畫。畫面呈現出從男性視角看到女孩不知所措的樣子。

04 戀愛的多樣面貌

強吻

0204_17i

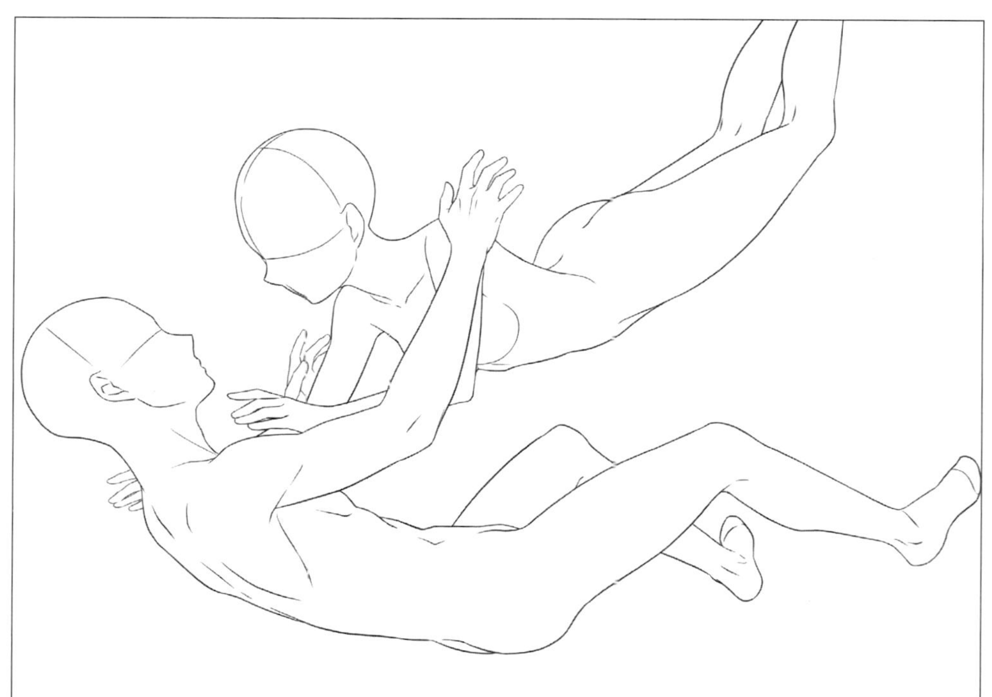

飄浮的兩人

0204_18i

墜入愛河

0204_19g

以公主抱的姿勢縱身一躍。P4是活用這個構圖的插畫範例。

伸手搭救

0204_20j

危急時刻想拉住對方的戀人。

05 對立關係的構圖

看不順眼的傢伙

0205_01c

互相怒視的角色高低相同。看起來不分上下，或是右邊角色在對立中稍處優勢。兩人若是主角與對手的關係，則右邊應該就是扮演主角的角色吧！

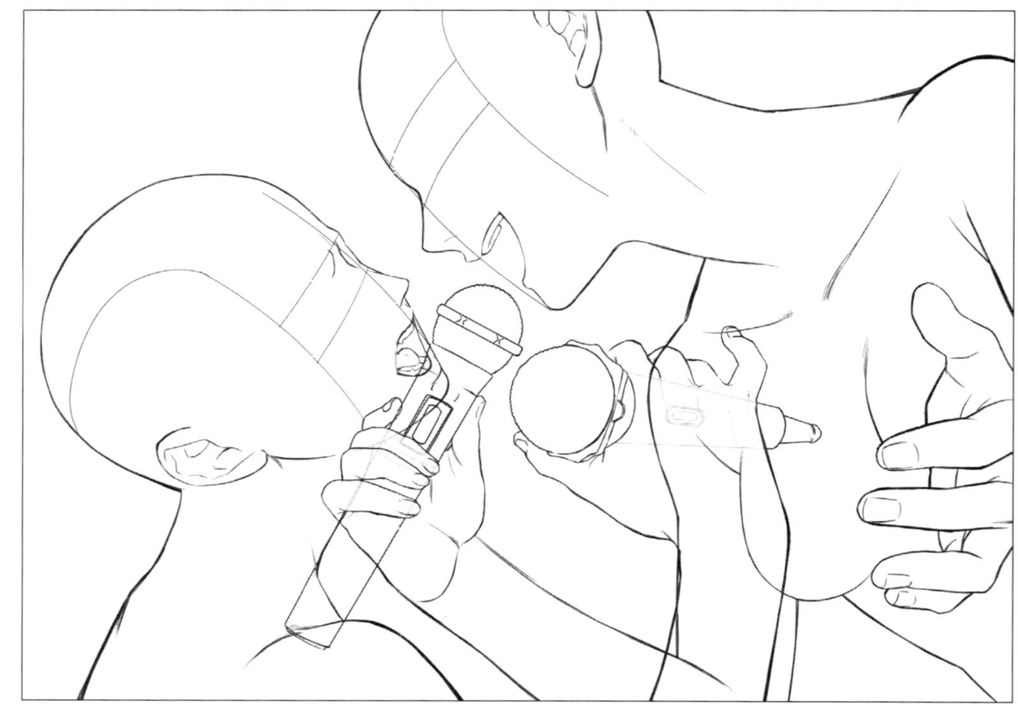

歌唱對決

0205_02h

這張插畫的右邊角色位置較高，右邊角色很明顯佔了上風。

火花四射

0205_03c

符合三角形框架比例，有點喜劇性的對立構圖。

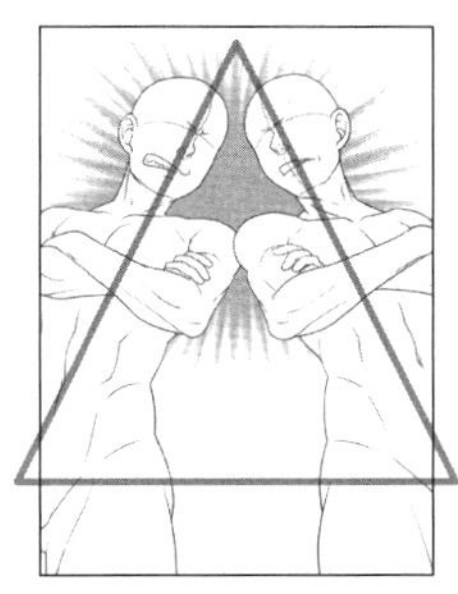

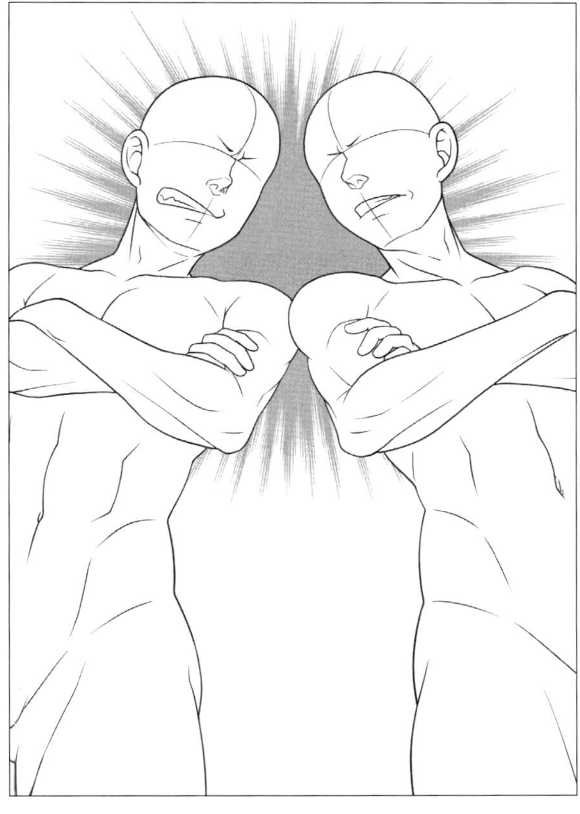

賽跑競爭

0205_04m

賽跑競爭的兩人。角色位置交錯，可以清楚看見兩人的姿態，和實際跑步有點不同，充滿漫畫感的腳步動作，增加畫面的躍動感。

05 對立關係的構圖

互相敵視

0205_051

兩人雙腳打開，互展氣勢，相互敵視。看得出是一種彼此互不相讓，直接起衝突的對立關係。

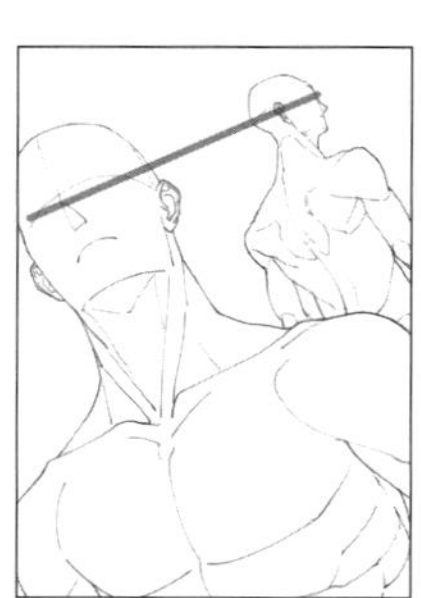

轉身離去

0205_06m

背對背，視線同高起衝突的兩人。傾斜的攝影法則，讓人感到內心的不安定。和上圖互相敵視相反，看得出是一種不能直接起衝突的複雜對立關係。

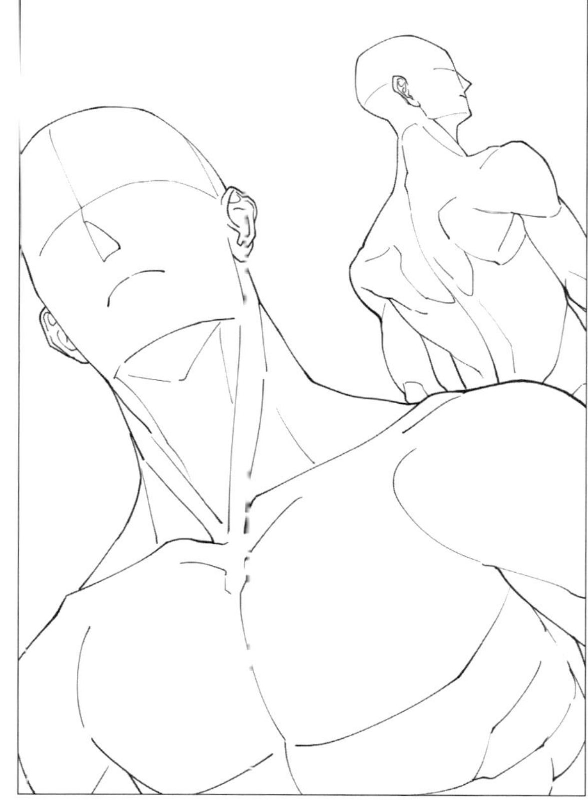

拳腳相向

0205_07c

畫面斜切，展現對立氣勢。臉的朝向角度不一致，彼此不同，創造出畫面的律動感。

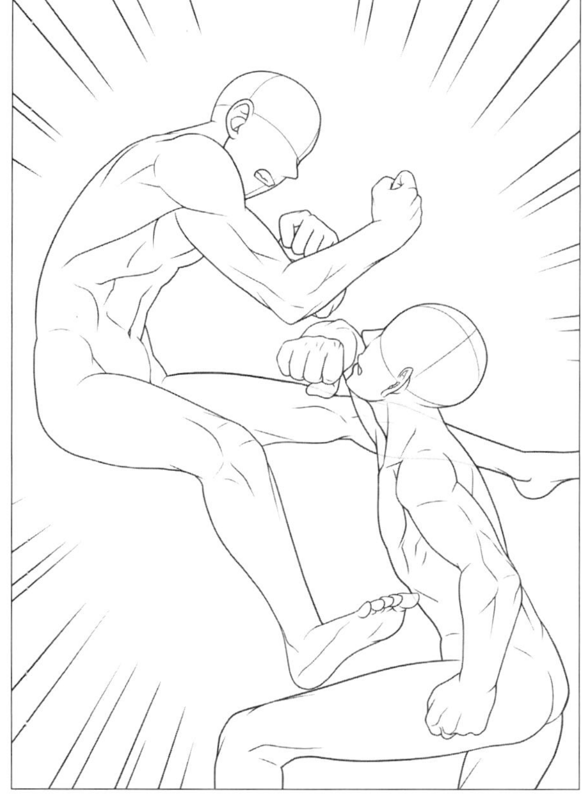

宿敵世仇

0205_08c

這張構圖其中一個角色的位置較高，讓人感覺彼此分屬不同立場。懸崖上的角色，讓人想像是武藝高強或強大敵軍的角色。

05 對立關係的構圖

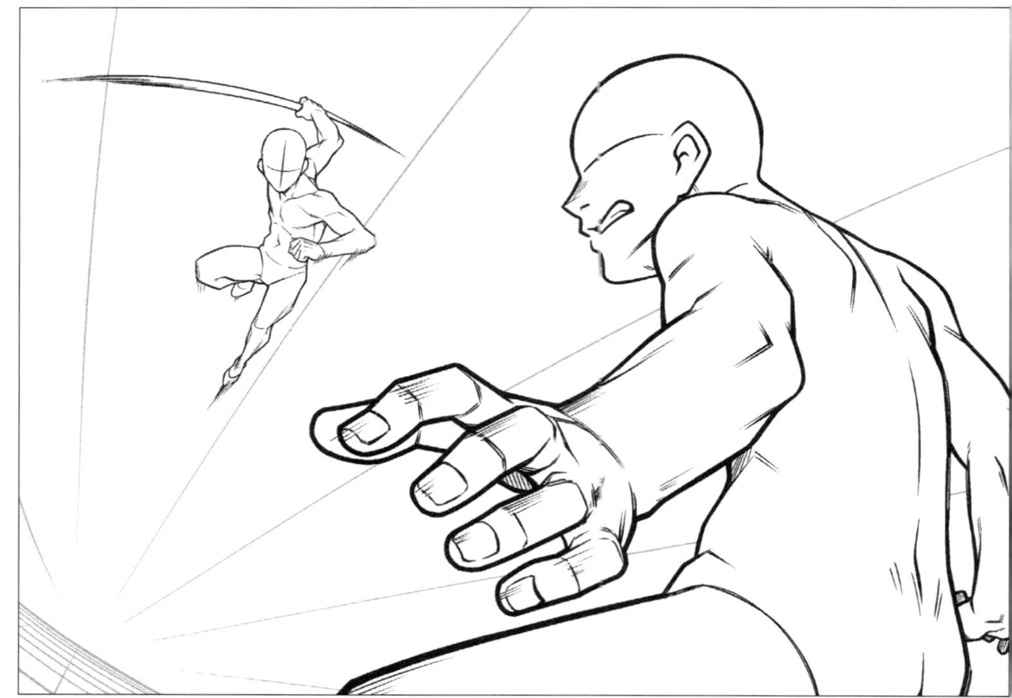

彼此對決

0205_09j

戰鬥白熱化

0205_10m

緊要關頭

0205_11g

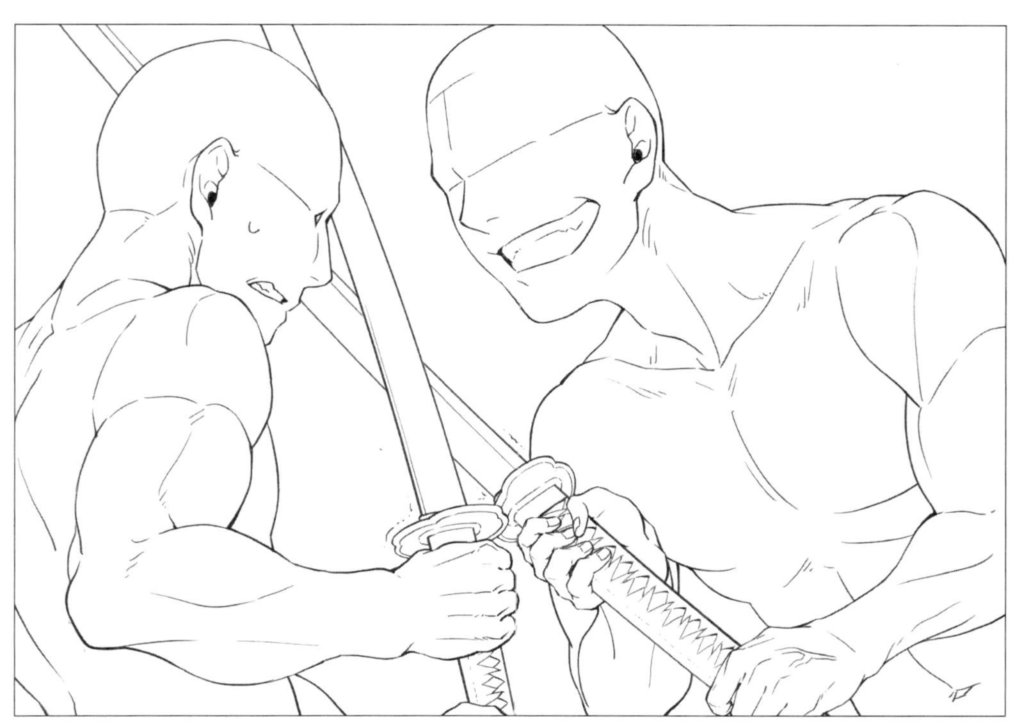

兵刃相接

0205_12g

05 對立關係的構圖

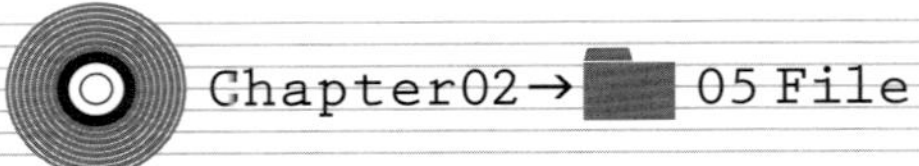

喜劇性戰鬥

0205_131

兩個角色手持的武器和地平線，將畫面構成曲折線條，不會讓人感到單調。可看出繪畫的巧思。P5是活用這個構圖的插畫範例。

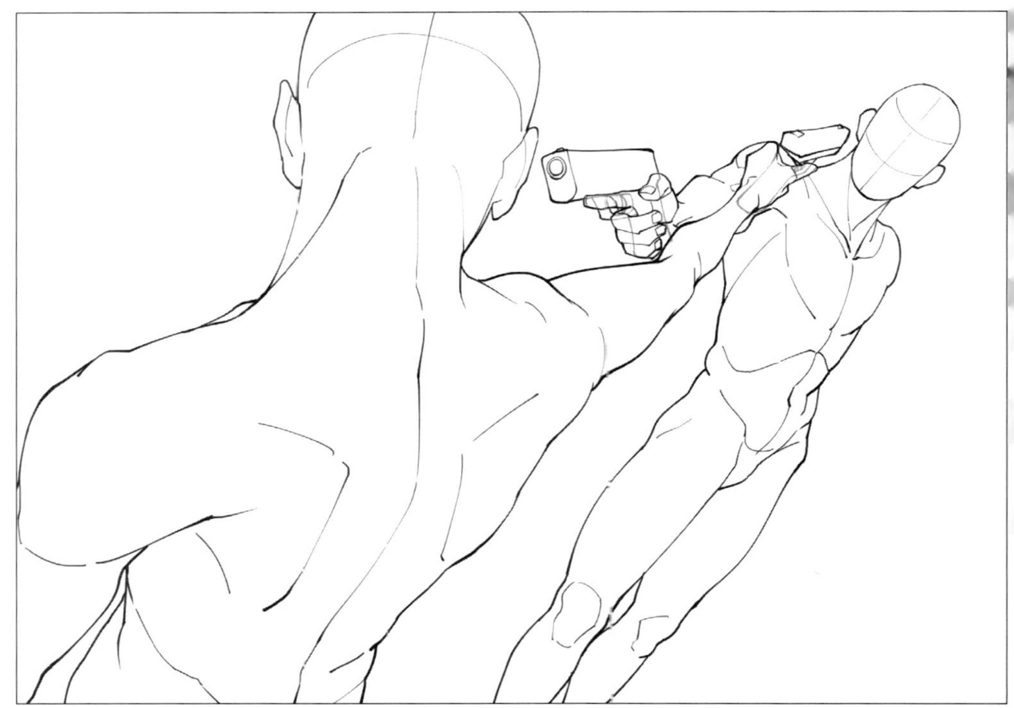

槍口相向

0205_14m

06 其他構圖

思念遠方戀人

0206_01c

兩人上下顛倒，沒有面對面，視線不一，可以看成身處遠方相互心繫，或是彼此心境不一的畫面。

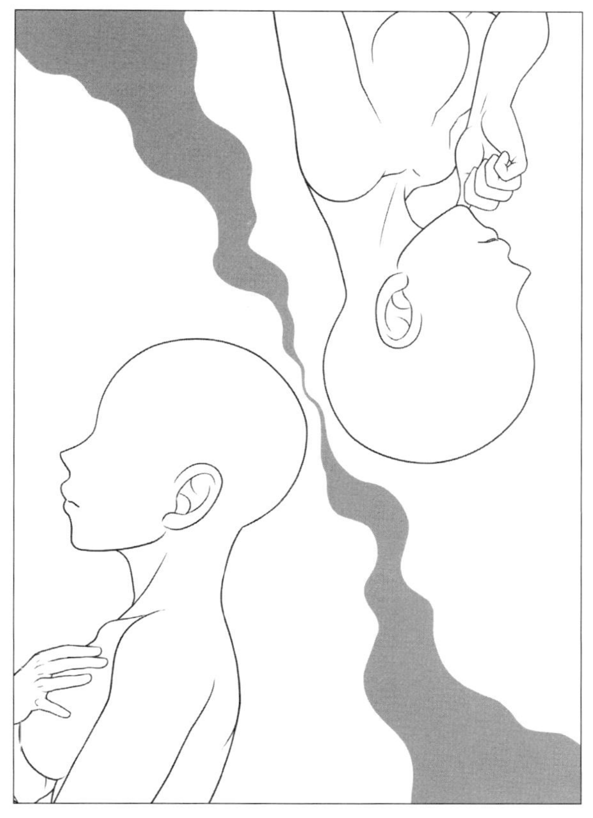

遭到追趕

0206_02i

放大描繪前面的角色，眼睛超出框外，無法看見。被身分未明的對手窮追猛趕，充滿無處可逃的壓迫感。

06 其他構圖

追至角落

0206_03i

角色集中在右邊的邊框，強調右邊角色無處可逃。如果將兩人角色備置在中央，就會弱化無處可逃的感覺。

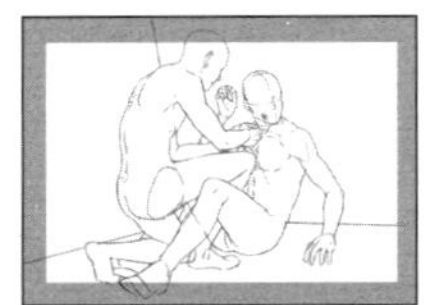

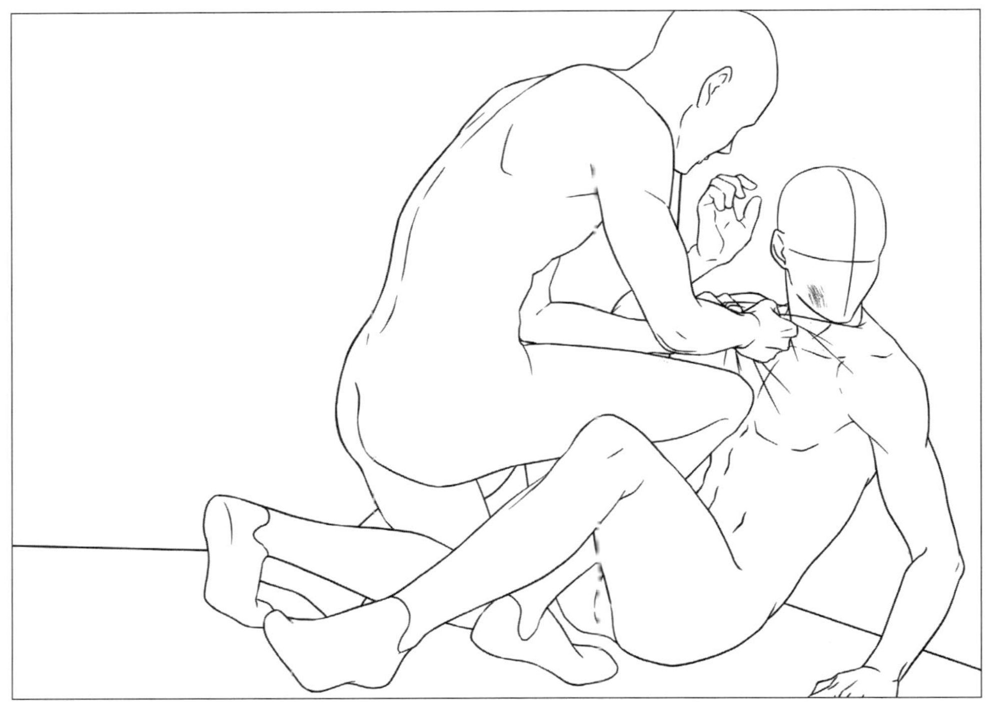

主從關係

0206_04i

一開始先描繪出兩人的全身像，再用傾斜裁切。增加跪下角色受到的壓迫感，可看作是責備隨從失職的場景。

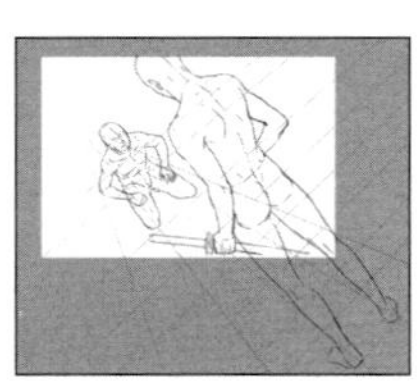

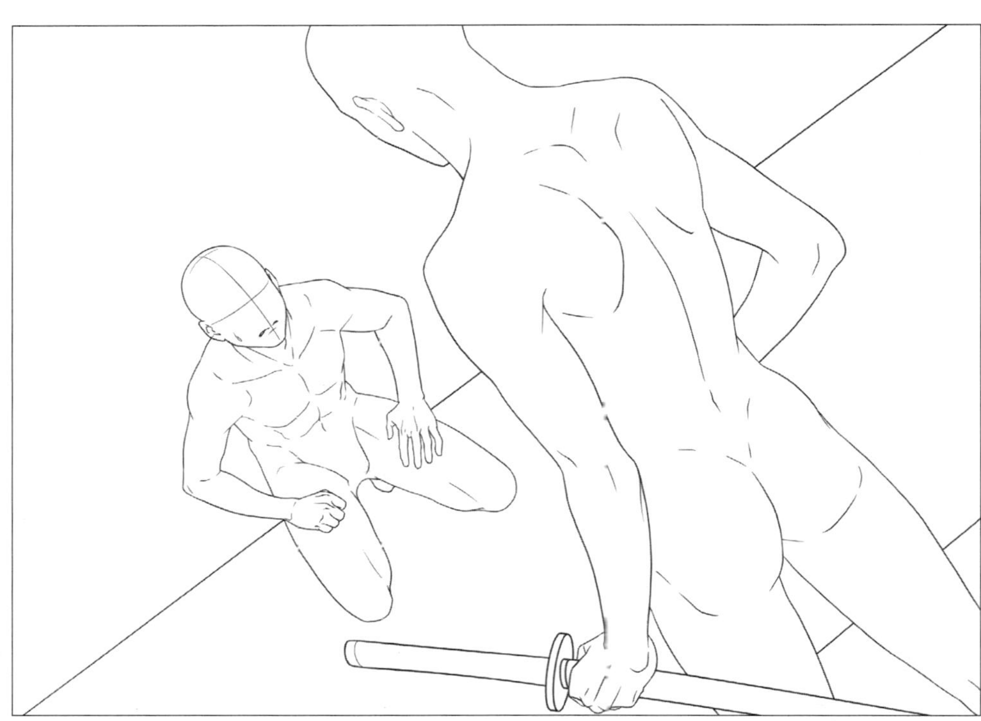

攙扶傷友

0206_05h

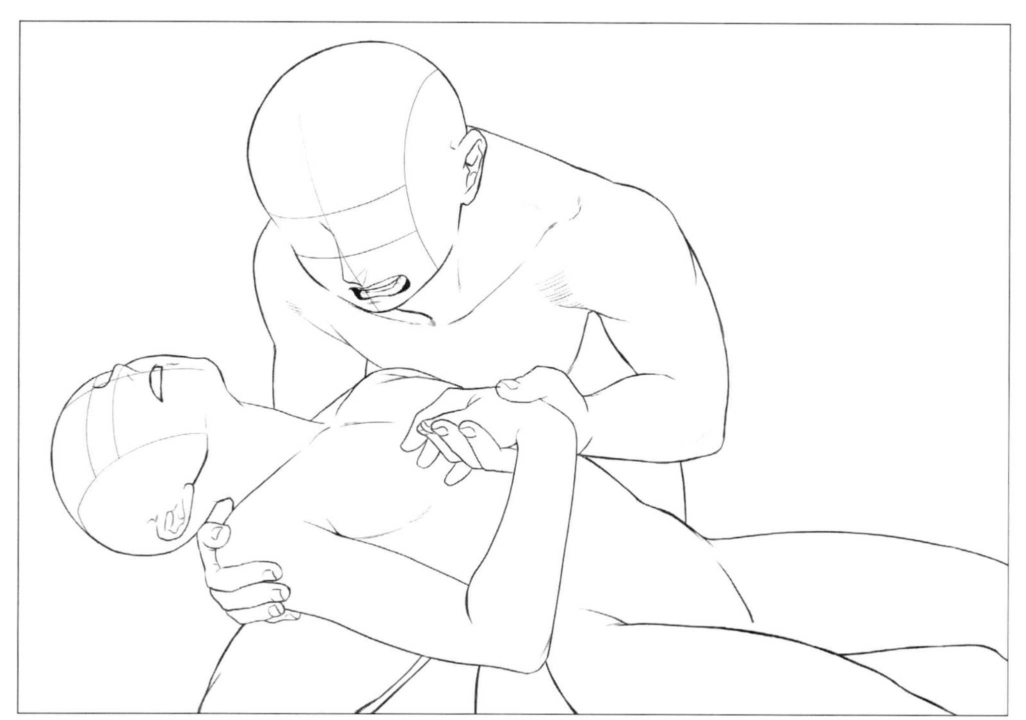

快睜開眼睛！

0206_06h

1Point 建議

活用三分法！

←【只用三分法思考時】

這樣也不是說不好，
但是單看這一張繪圖，
可能會不夠立體又無趣。

知道三分法是一回事，
但總畫出無趣的構圖……。
這個時候，就思考一下【景深】吧！

即使是同樣的場景，同樣的三分法，
添加【景深】，就能創作出生動有趣的構圖！

↓【三分線+景深思考時】
想讓人看到的部份就添加在景深中！看！
就可以營造出不錯的空間感！

稍微偏離三分法的線條也沒關係！

但是，想突顯的內容若太集中一隅或切半呈現，
都會形成不安定的構圖，所以請仔細確認，
想突顯的內容是否都收入在畫面中！

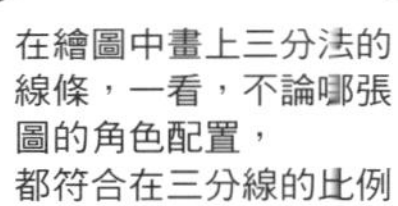

在繪圖中畫上三分法的線條，一看，不論哪張圖的角色配置，都符合在三分線的比例線條上。

可分別使用於適合「平面比較好！」的場景，和「想要有空間感　」的場景。

總畫不好人物站姿時

- 站姿不夠帥氣。
- 只是直挺挺站著，不夠生動。
- 畫面空洞，缺乏力道……等。

這是畫站姿繪圖時，大家都可能遇到的問題。
這個時候，就先讓我們來確認
【是不是有太多間隙和空白】

首先，在角色外面畫出方形圍住。
再確認區塊內有沒有很多莫名的間隙和空白。

如果區塊內的間隙和空白過多時，只要在間隙填補添加一些元素，就能瞬間成為力道十足的站姿繪圖！

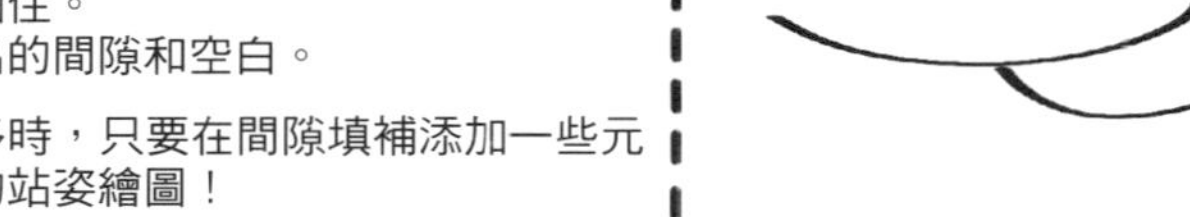

帥氣角色……
但是好像少了點什麼……

空白

稍微
修改

服裝修飾或
姿勢調整，
填補空白！

帥氣變身！

Mri

第3章

3人～4人構圖

01 3人組合的構圖

感情融洽！

0301_01c

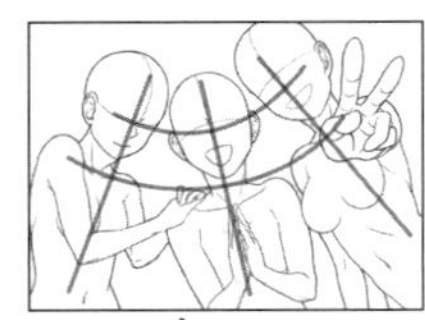

臉部配置接近，強調關係融洽。

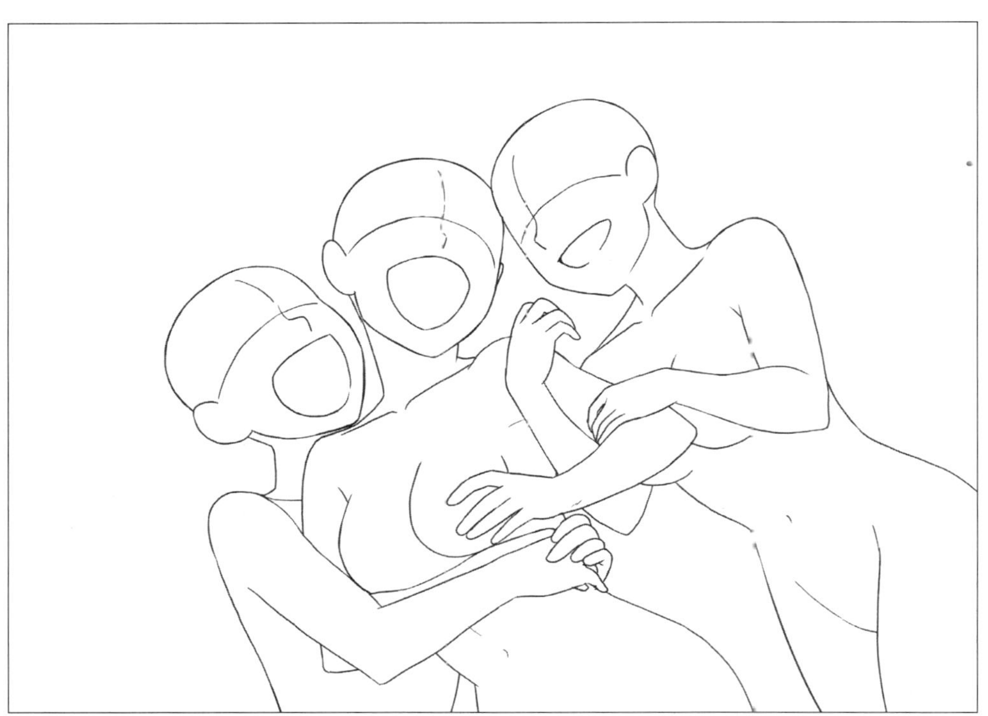

嘻笑玩鬧

0301_02f

女孩密語

0301_03i

左右角色的姿勢引人注目。直挺站立看起來會過於嚴肅，腰部描繪成微微傾斜等姿勢，會讓整體看起來更自然。

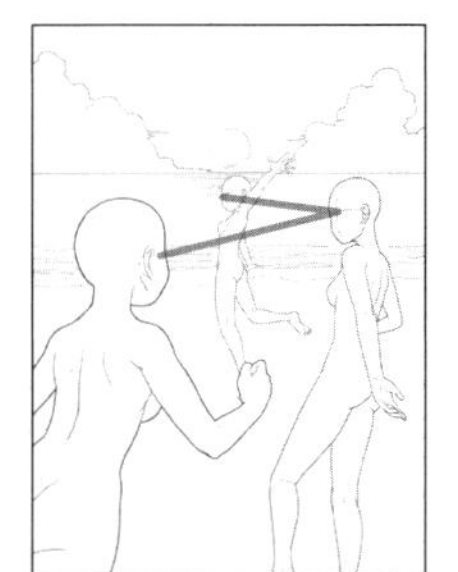

快過來！

0301_04c

角色視線曲折設計，可引導觀賞視線。左圖是描繪海邊夕陽的範例。也可以試試搭配海邊以外的背景。

01 3 人組合的構圖

戀愛話題

0301_05i

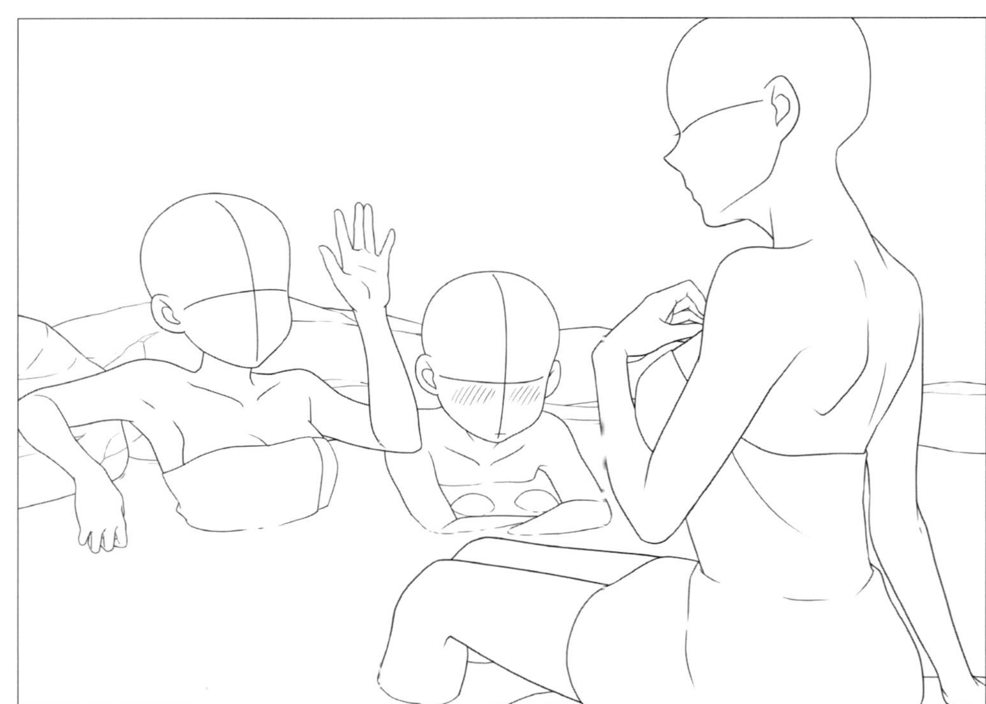

泡溫泉

0301_06i

坐著

0301_07e

從腳下往上拍的特殊構圖。三人配置在和緩曲線上。

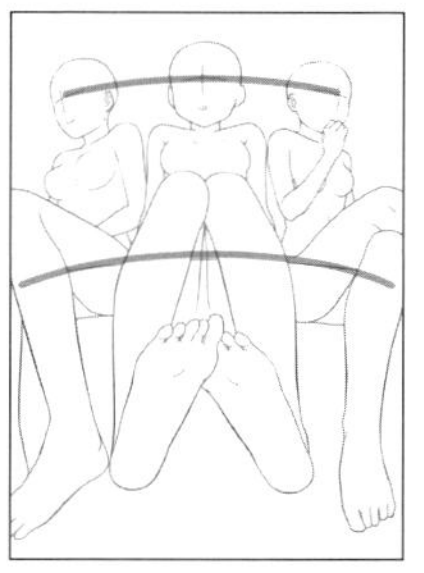

自拍

0301_08k

以手機為中心畫出三角形的構圖，將想描繪的元素收入其中。角色視線集中在手機上，更能展現彼此的好情誼。

01 3人組合的構圖

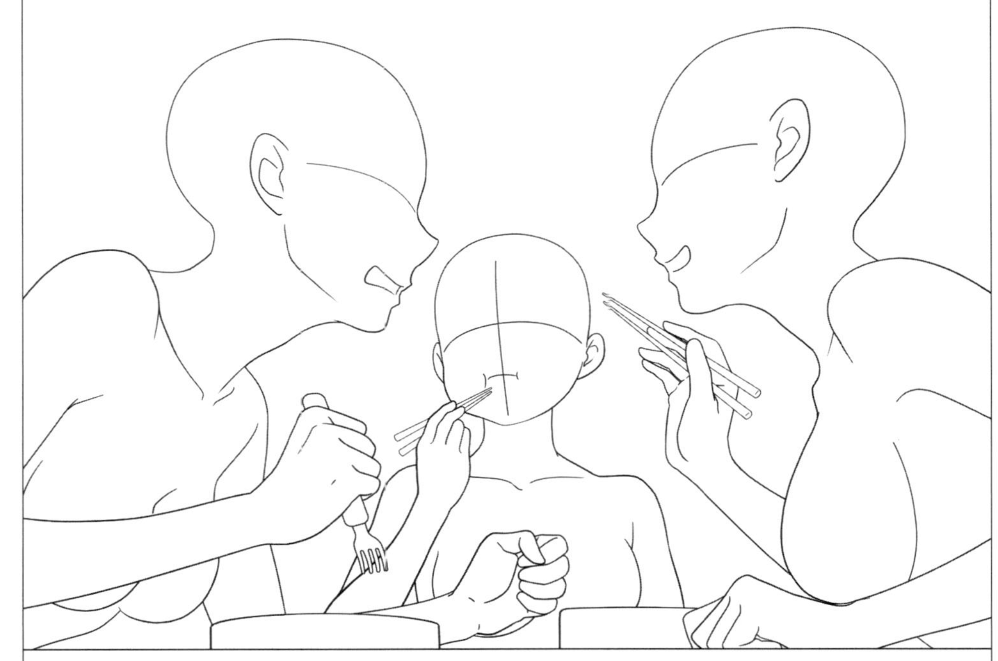

午餐聚會

0301_09i

左右對稱配置的兩個角色，邊吃飯邊激烈互表意見，景深的角色畫的較小，表現出以客觀態度看著眼前的兩人。

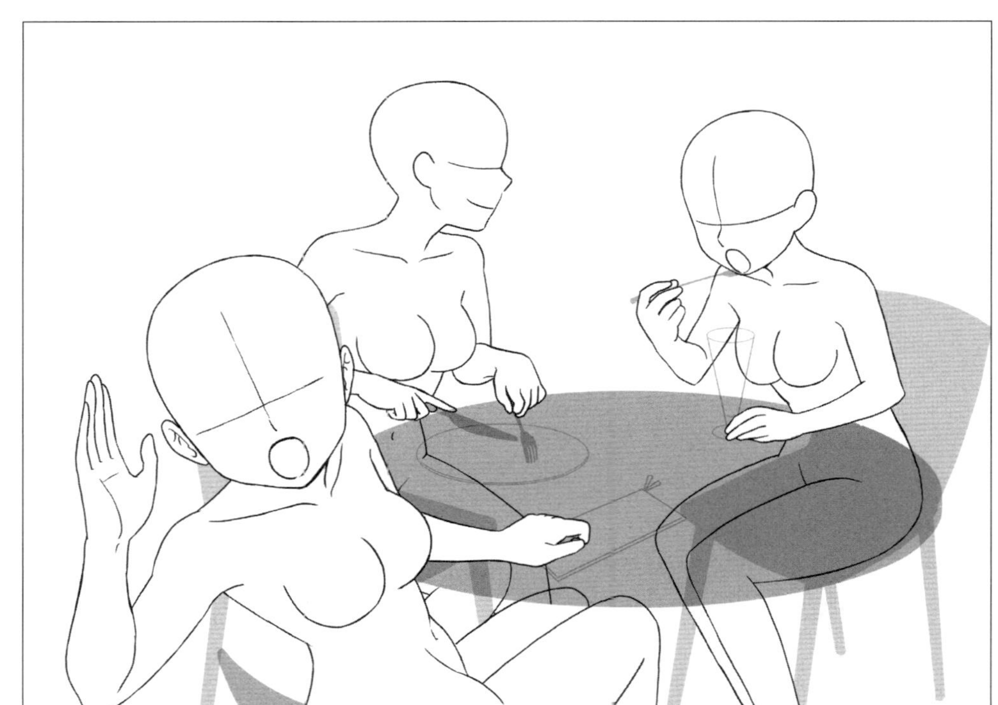

甜點時刻

0301_10f

前面角色描繪成正要點餐的樣子，是可以清楚看見三人表情的構圖技巧。

直線排列

0301_11c

對稱（左右對稱）的構圖，以對齊中線產生連結感。

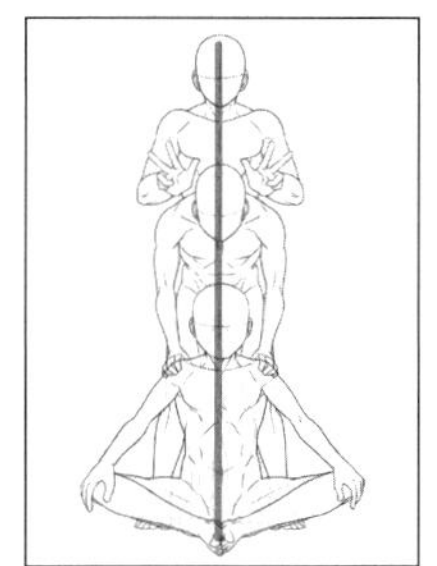

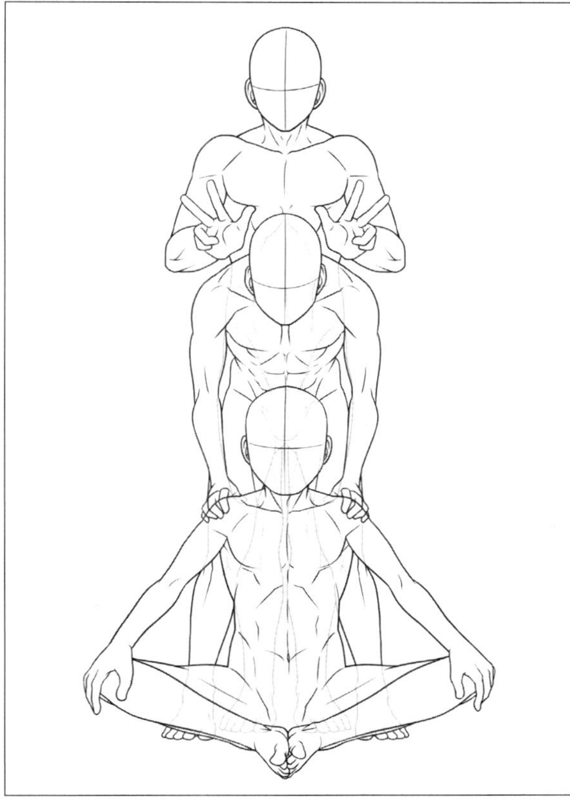

損友三人組

0301_12g

這張構圖表現，比起連結感，更偏重每個人的性格。三人都擺出站立姿勢，但因為傾斜配置帶出動態感。

01 3人組合的構圖

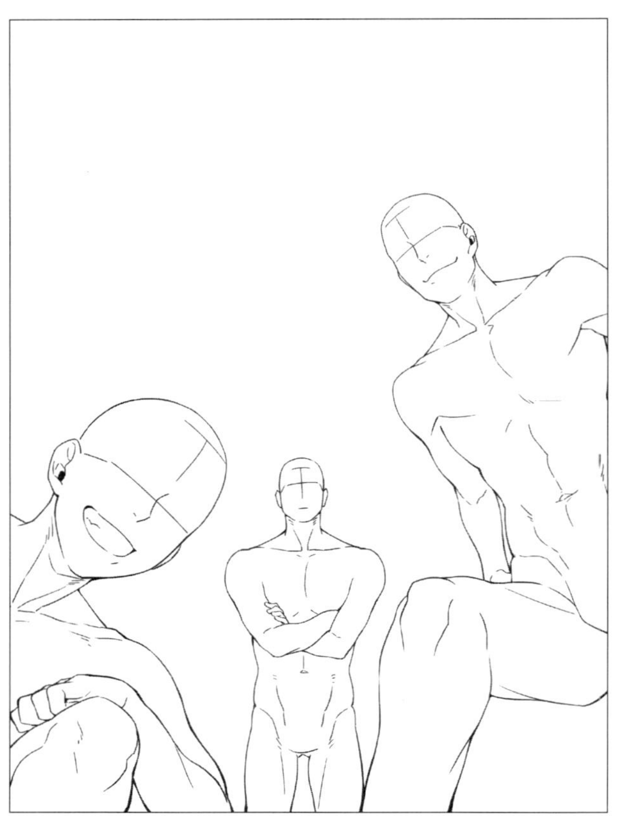

直探鏡頭

0301_13g

三人組看著攝影師（或是另一個角色）的構圖。左上方的空間也可以配置標題。（參考P123）

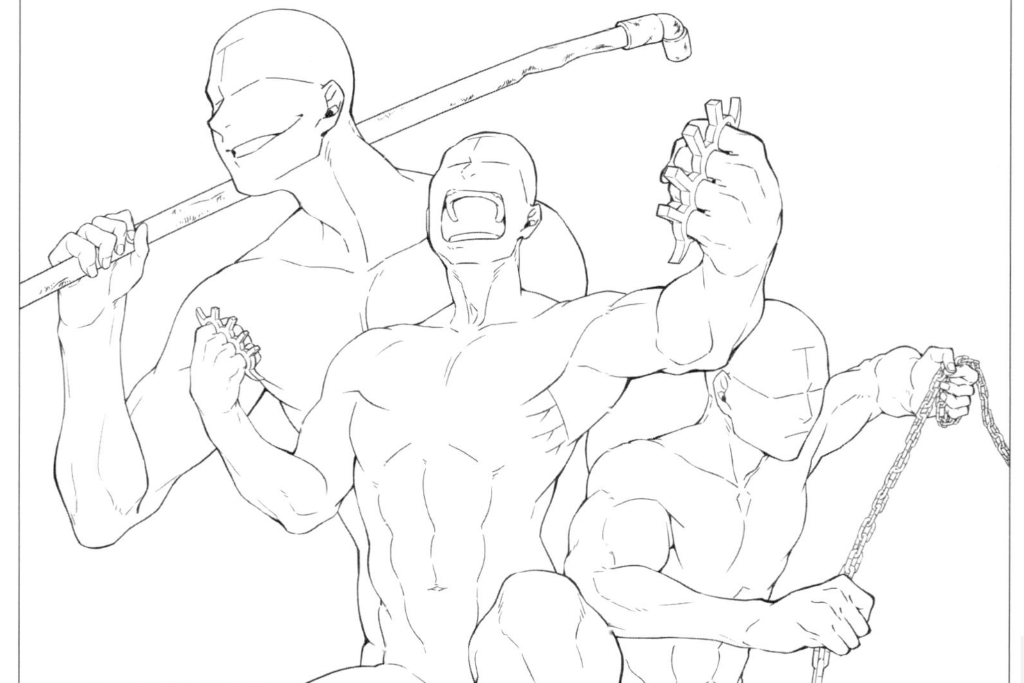

打鬧好友

0301_14g

武器在手 1

0301_15k

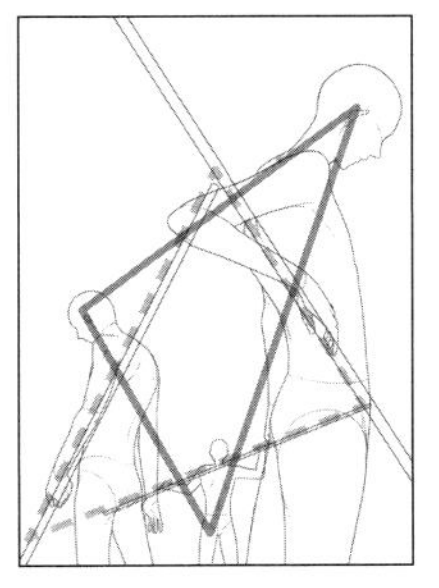

這張構圖是棍狀物構成的三角形，再搭配人物配置的逆向三角形。構圖表現出不安定又彼此信任的感覺。棍狀武器也可以替換成棍球、曲棍球或是球棒等運動配件。

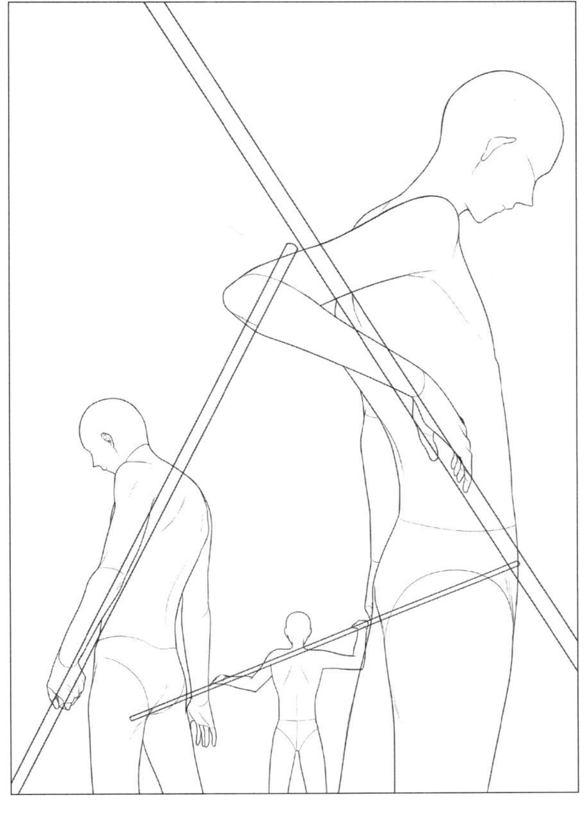

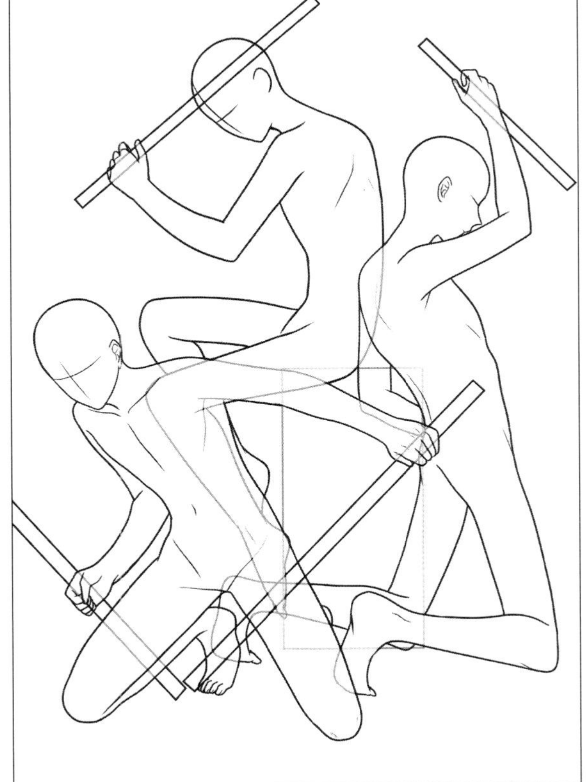

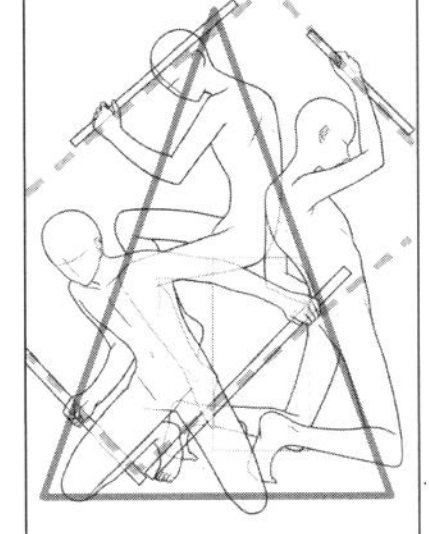

武器在手 2

0301_16k

這張是人物成平衡的三角形，加上武器成方形的構圖。利用多種圖形的組合，呈現讓人感覺資訊量超多的構圖。P2是活用這個構圖的插畫範例。

02 4人組合的構圖

無憂四人組

0302_01c

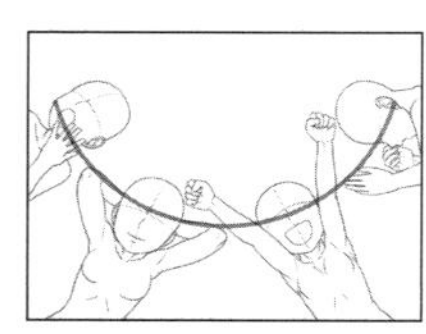

用半圓形完成躺臥的構圖，四人的姿勢不同，展現每人不同的個性。

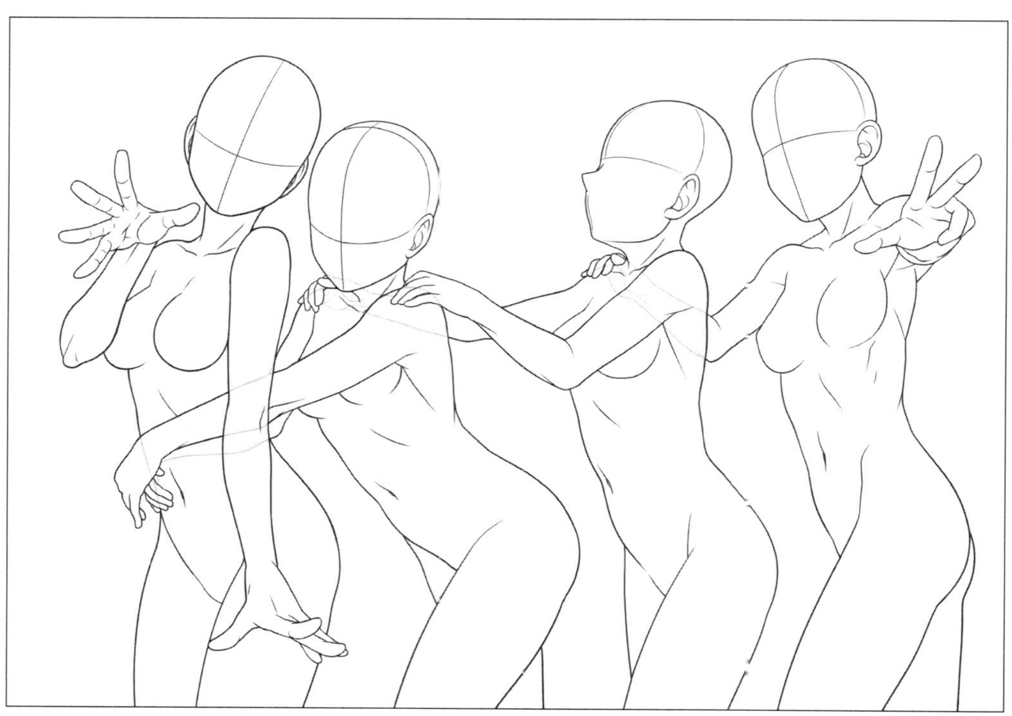

嘻笑玩鬧

0302_02c

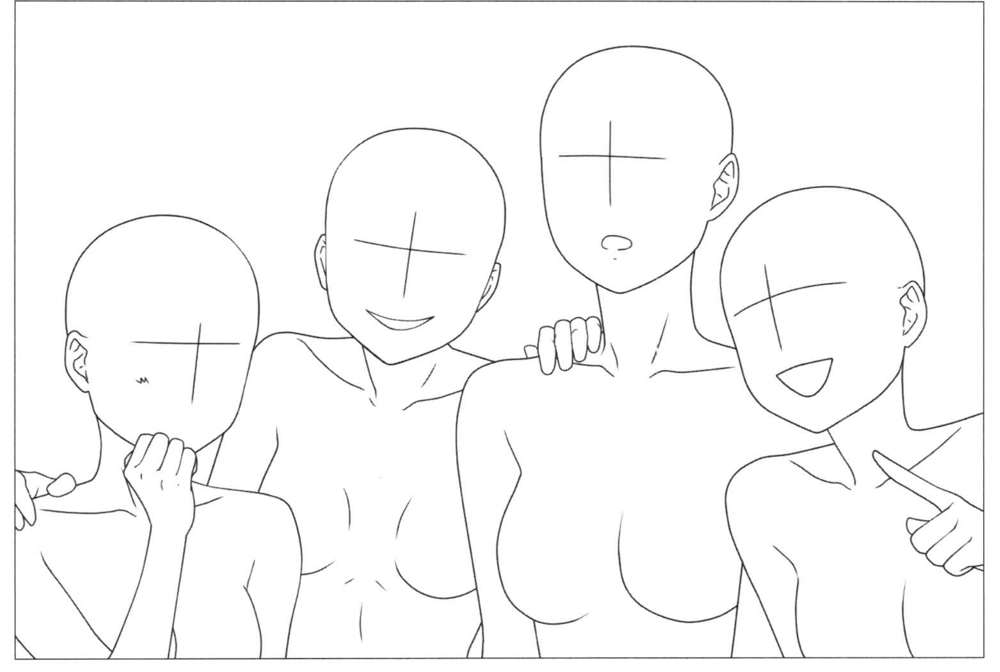

橫向並列

0302_03e

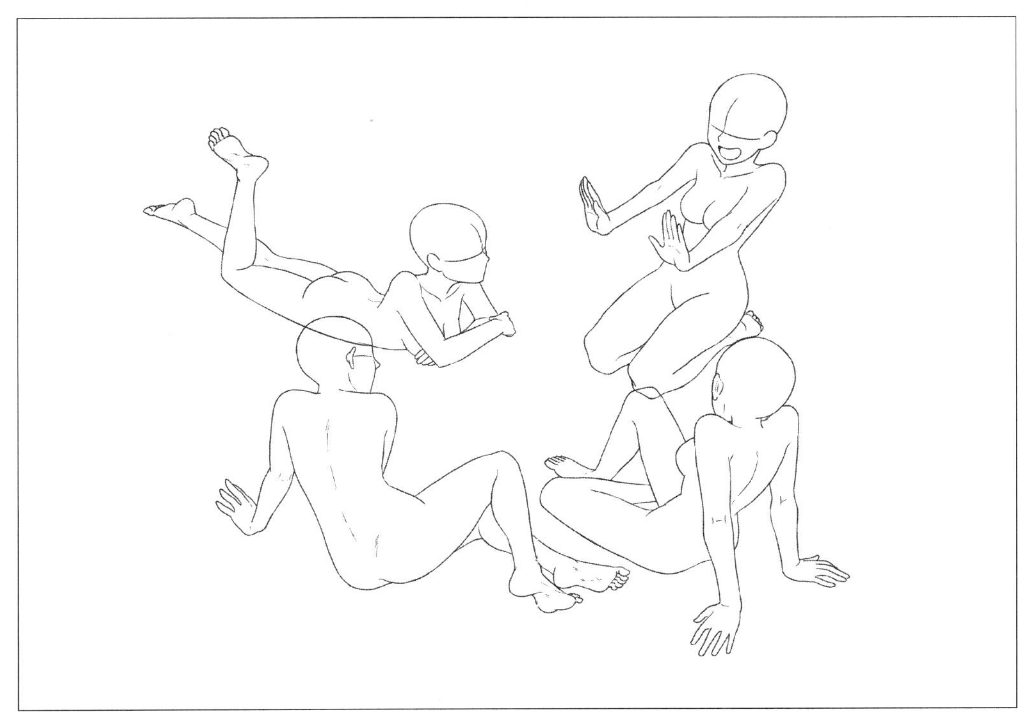

圍聚成圈

0302_04f

02 4 人組合的構圖

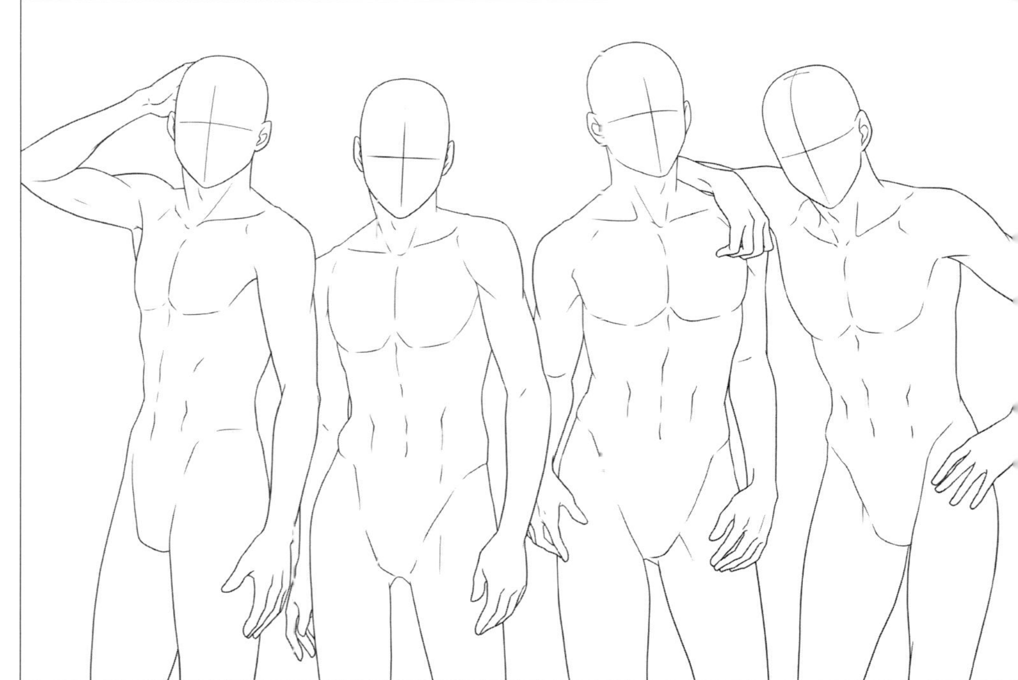

型男齊現

0302_05i

自然不做作的姿勢，不是熱情路線，而是酷帥 4 人組。

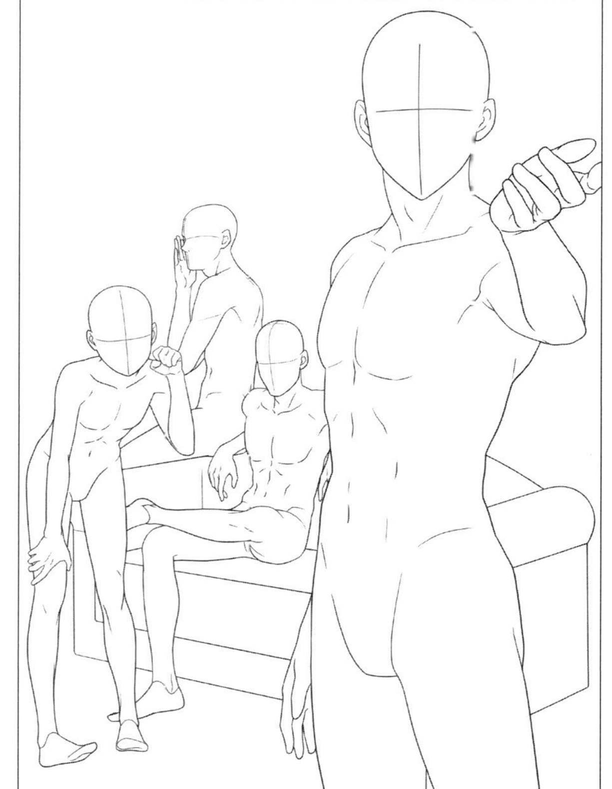

少女遊戲風格

0302_06i

前面的角色與上圖的類型不同，是型男齊聚令人心動的世界。

跳躍！

0302_07f

全員朝向畫面左邊，即使姿勢不同，仍呈現一致性的畫面。

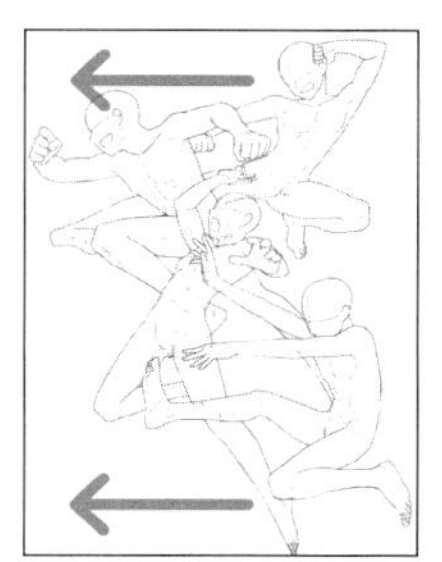

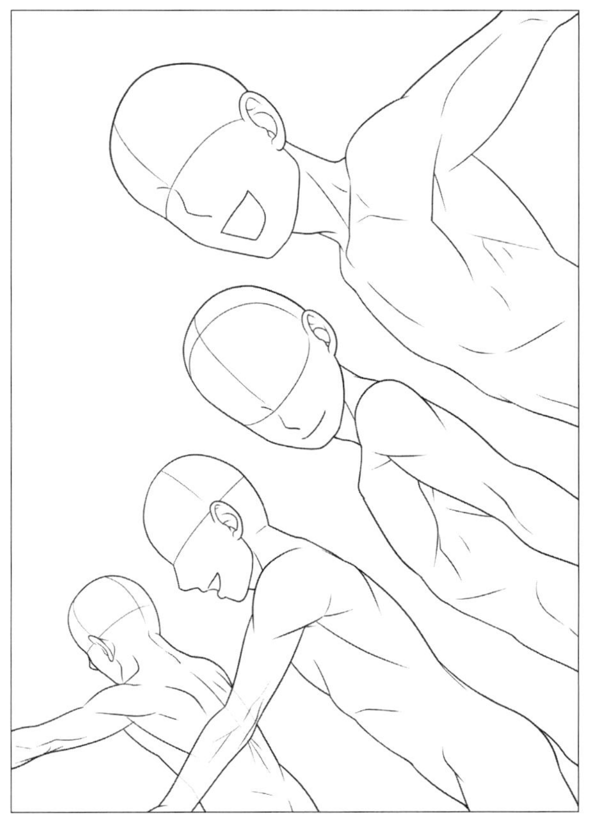

人氣團體

0302_08c

4人的手勢稍有不同，讓畫面產生流動感。

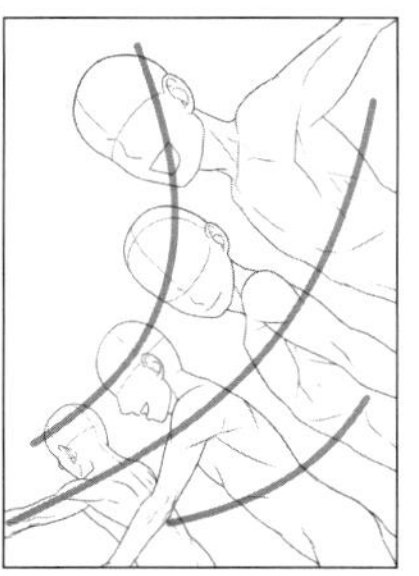

02 4 人組合的構圖

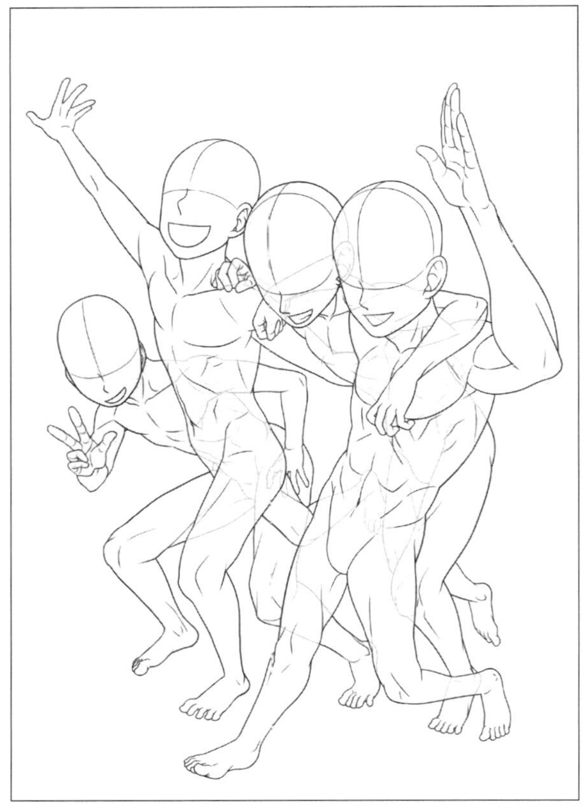

青梅竹馬

0302_09c

角色收進三角形框架比例的構圖，呈現出關係緊密的融洽感。P3 是以這個構圖為基礎創作的範例。

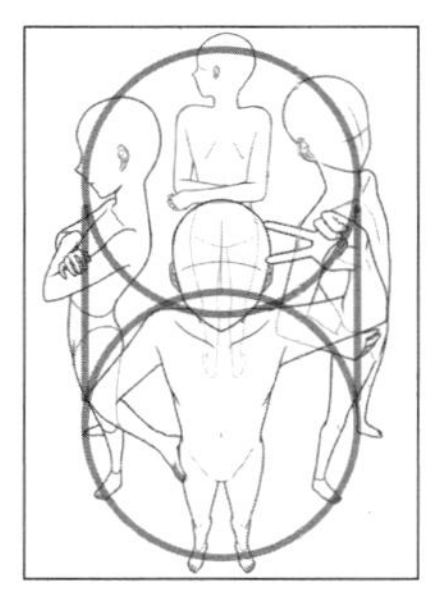

背對背站

0302_10k

以圓柱狀框架比例配置角色的構圖。彼此背對背，卻仍散發感情融洽的氛圍。

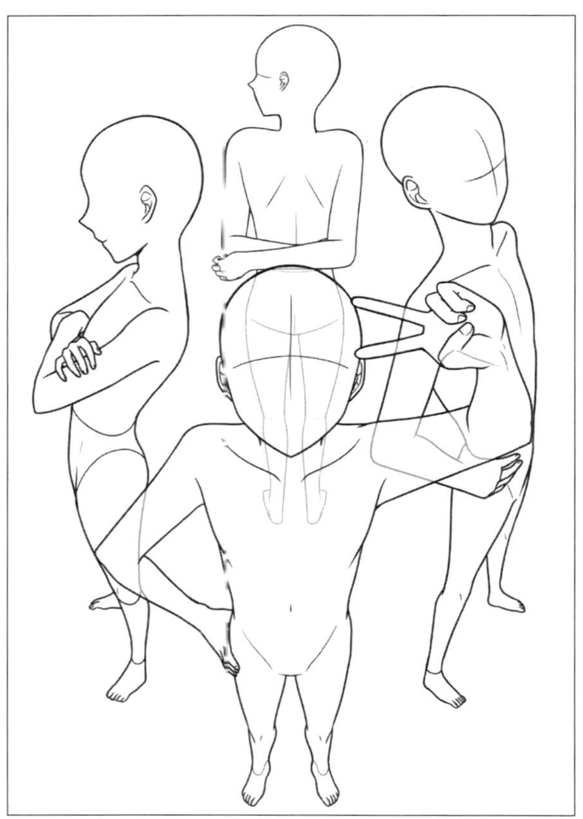

勾肩搭背

0302_11c

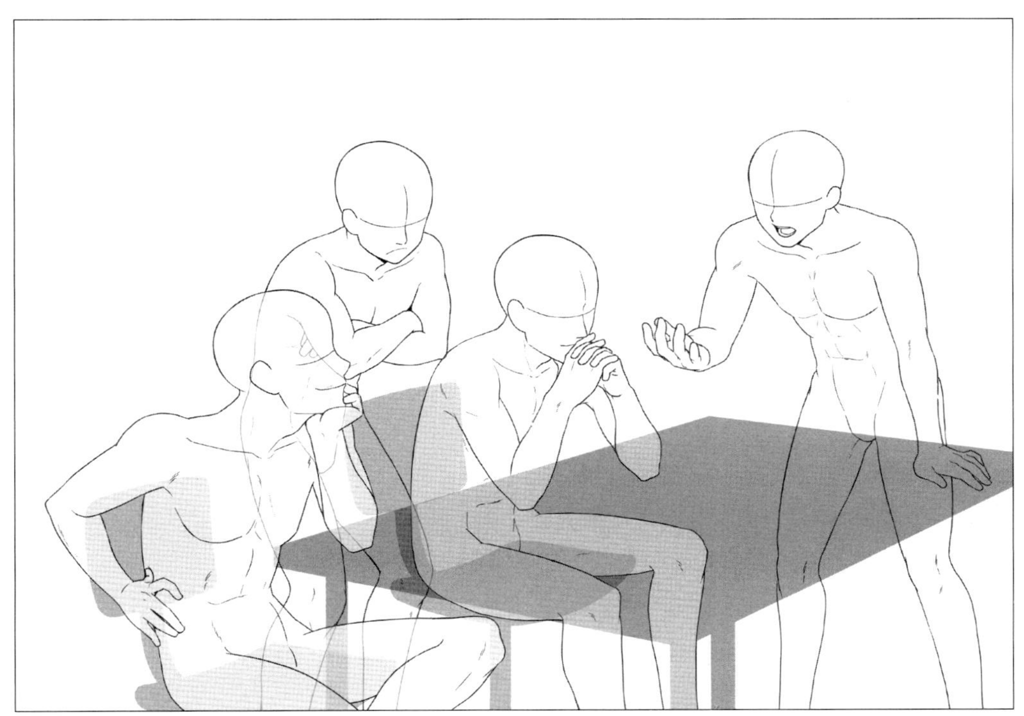

作戰會議

0302_12f

03 三角關係、四角關係

三角戀愛

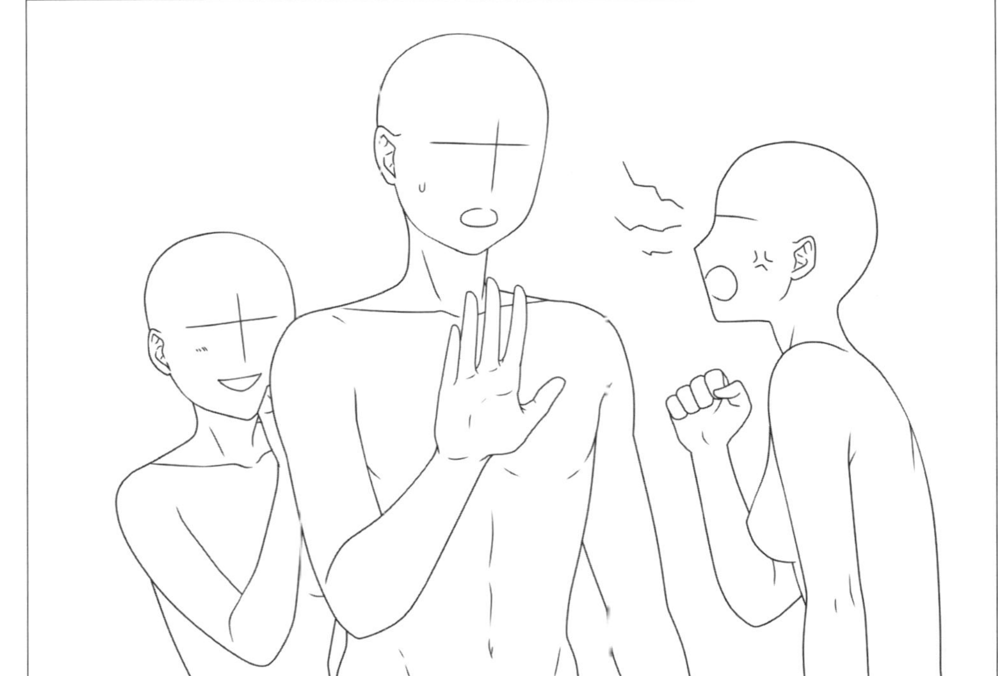

談話僵持

0303_01e

兩個女性角色的手勢引人注目。以握拳直接表現怒氣，和躲在男生背後的動作，兩者表現不同的性格。

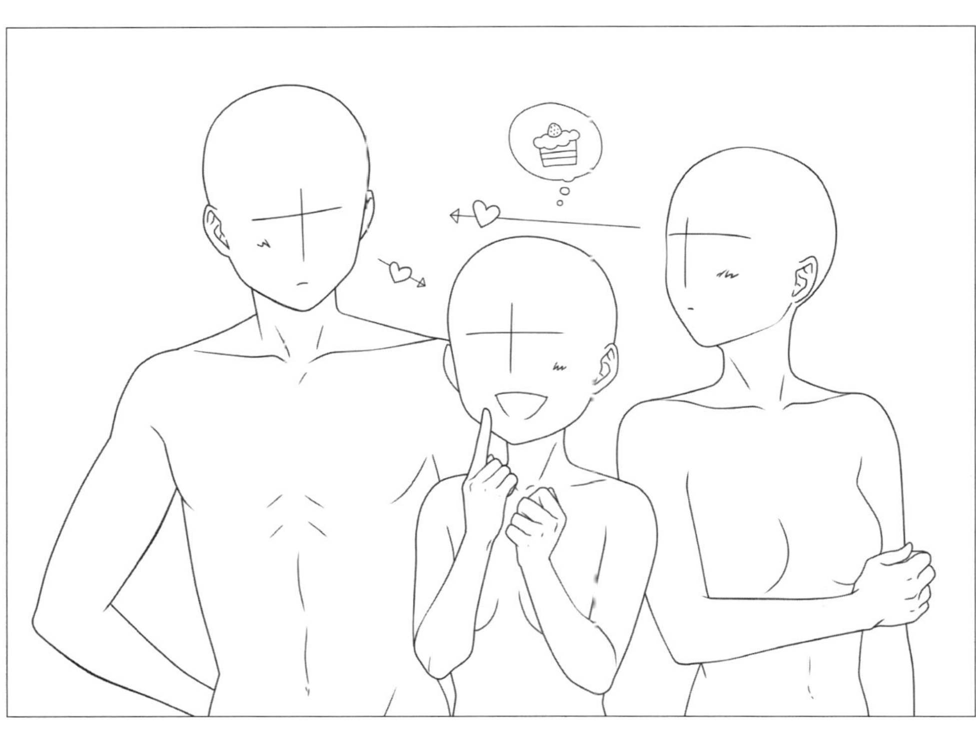

交錯愛戀

0303_02e

角色的視線朝向喜歡的那一方，並加上心型箭頭強調。中間少女的視線沒有朝向任何一方，表現出未陷入戀情的樣貌。

暗潮洶湧的戀愛面貌

0303_03c

兩個女性的臉部高度不同，眼睛相連的線讓畫面產生律動感。中央的男性不是直挺站立，而是稍微地斜傾，表現出擺盪在兩位女性之間，心神不寧的狀態。

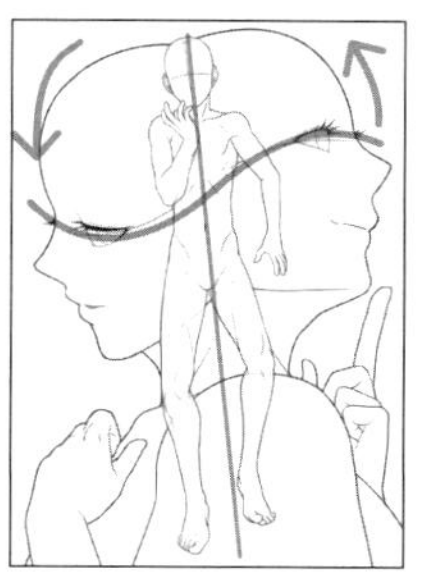

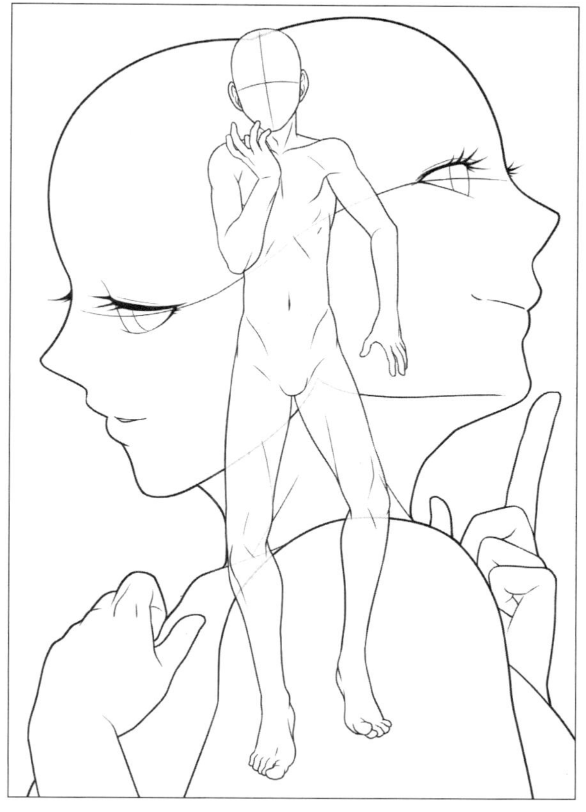

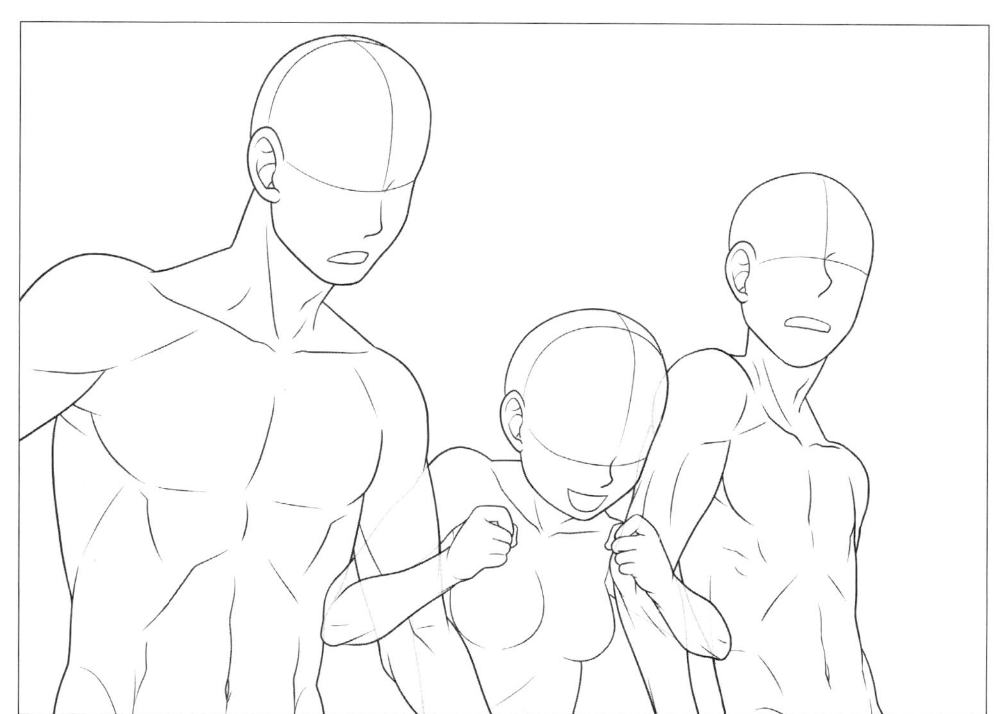

三人青梅竹馬

0303_04c

青梅竹馬的少女，處在兩位男性角色之間，沒有發現朝向自己的心意？

03 三角關係、四角關係

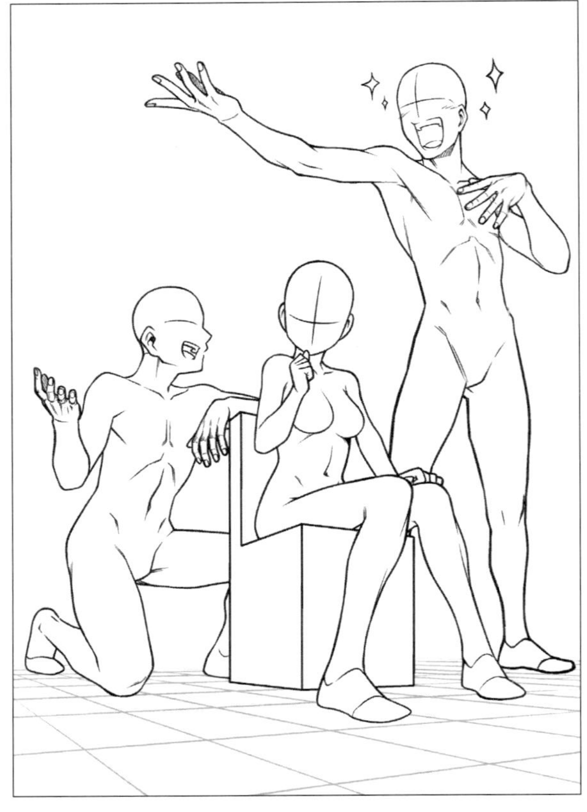

同時求婚

0303_05j

竟得到兩位男性的告白！誇張的演出手勢，引人注目的喜劇場景。

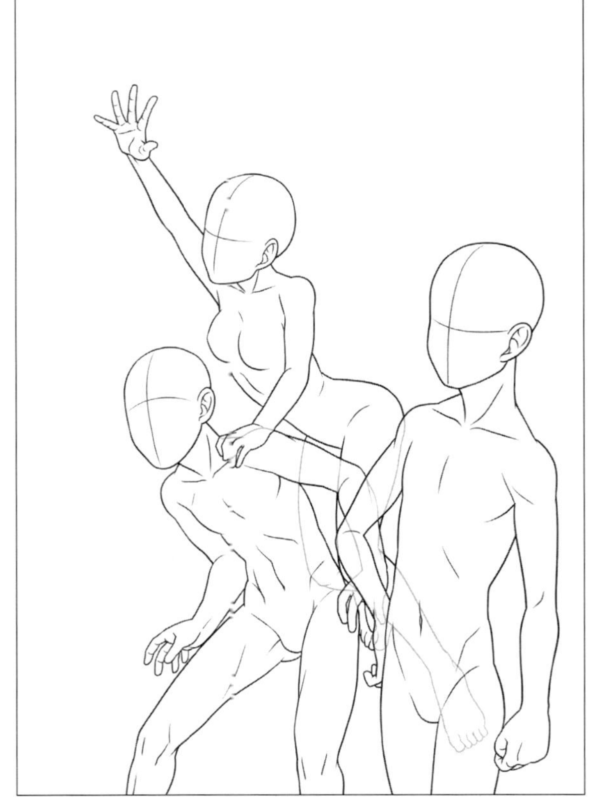

天真女孩

0303_06c

一位男性視線朝向女性，又或是沒有朝向任何一方，這將大大影響戀愛關係。

四角戀愛

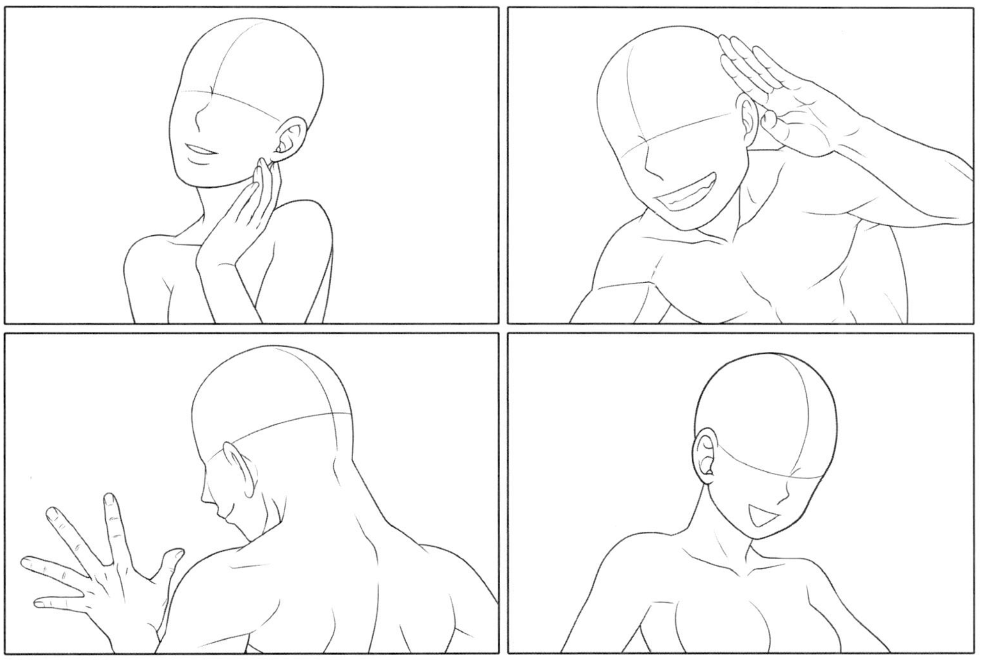

各種思念

0303_07c

漫畫或戲劇主要人物放在方框的配置。也可以在角色間加入箭頭，變成說明關係的相關圖示。

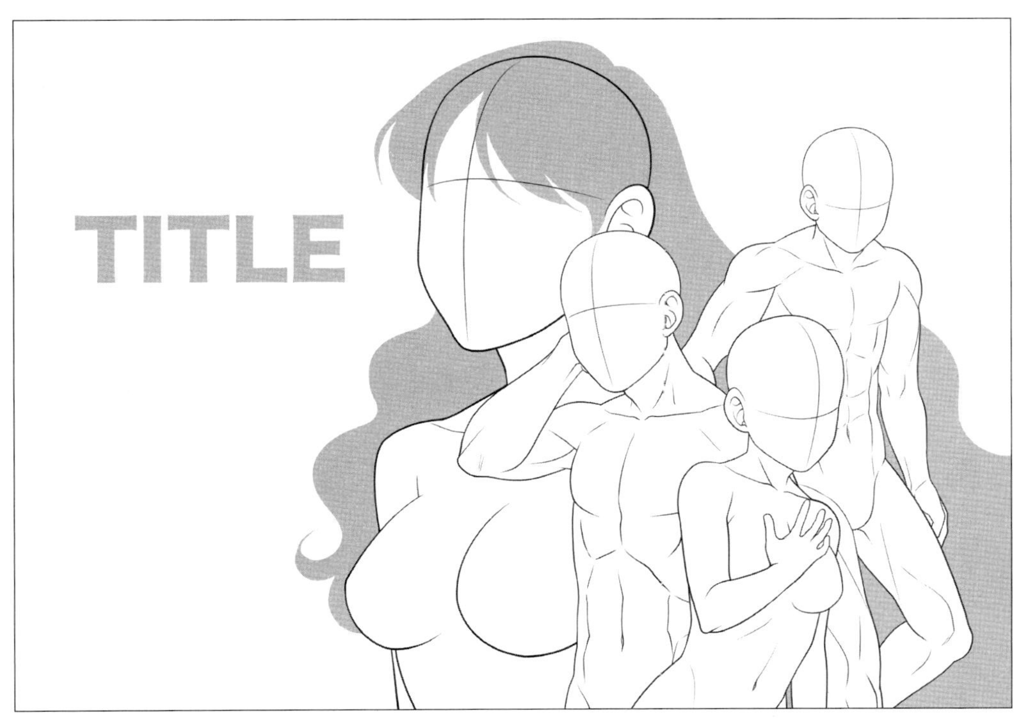

戲劇風格

0303_08c

可描繪成被命運捉弄的4人戀情，壯闊波瀾的愛情劇插畫。

04 海報風格的構圖

槍戰動作片

0304_01d

電影海報插畫，團隊3人持槍的華麗動作戲。

奇幻故事

0304_02d

這張是正宗的奇幻電影海報。持劍角色站立中央，畫面雖小，但配置在主角之位。

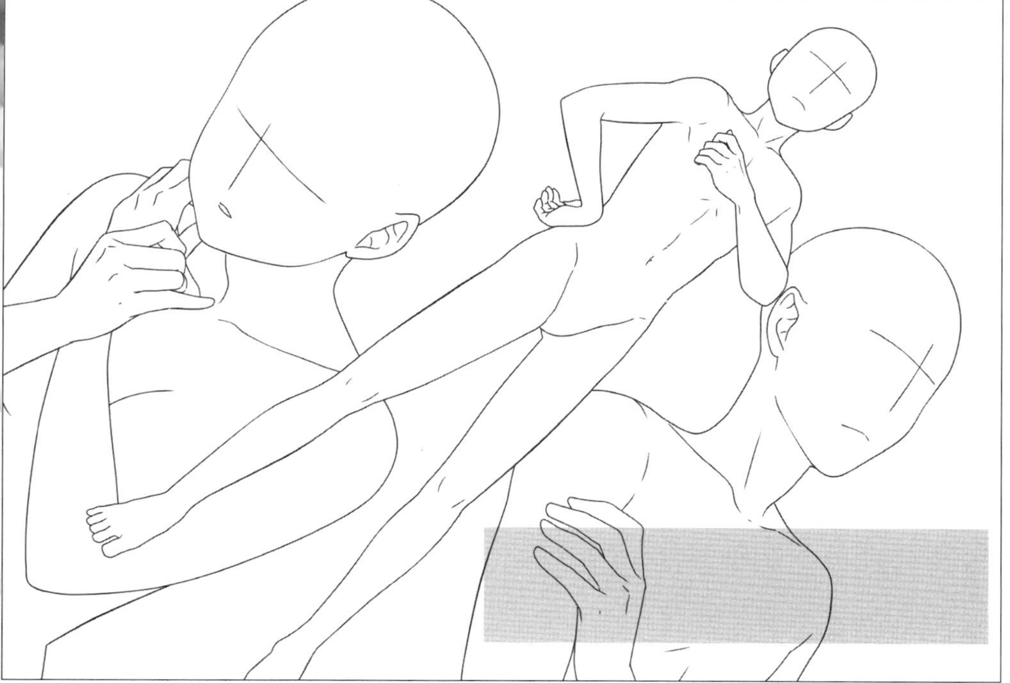

現代劇場

0304_03e

戲劇宣傳海報風格。角色視線沒有交錯，比較沒有戀愛劇的感覺。感覺是主角們需挑戰任務與目標的故事。

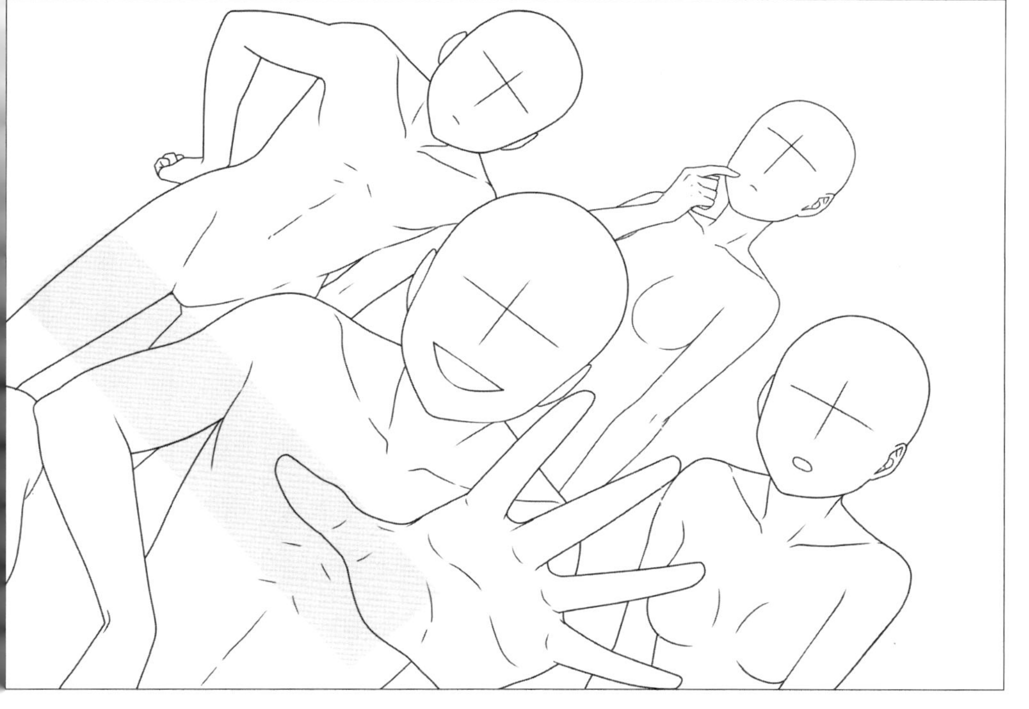

戲劇群像

0304_04e

沒有特定姿勢、自然不做作的 4 人，充滿青春好友的氛圍。

思考構圖的技巧

學到三分法等技巧，
並實際運用時，
要習慣性思考，
描繪角色姿勢時，
應該從哪個角度描繪，
才是最好的選擇。

覺得好像少了一點什麼，
即使是這樣的姿勢，
只要稍微調整角度，
可能就會變得很好看。

思考站姿繪圖的技巧

站姿畫得好，就能傳達角色個性。
因此，多依照個性來思考描繪的姿勢吧！

活力滿滿的角色姿勢：
身體動作大，體型也大。
氣虛體弱的角色姿勢：
手腳收在身體內側，體型較小。
悠哉悠哉的角色姿勢：
全身無力慵懶，駝背體衰的樣子。

要意識到這些元素，
就能描繪區分出
各種動作姿勢，
完美表達多樣角色性格。

第4章

團體登場的戲劇性構圖

01 校園生活

上學場景

0401_01c

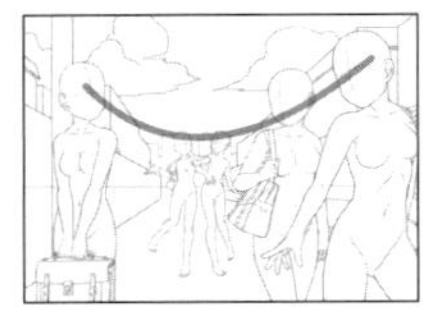

曲線配置在臉部的上方，自然將視線引導至每個人的臉上。

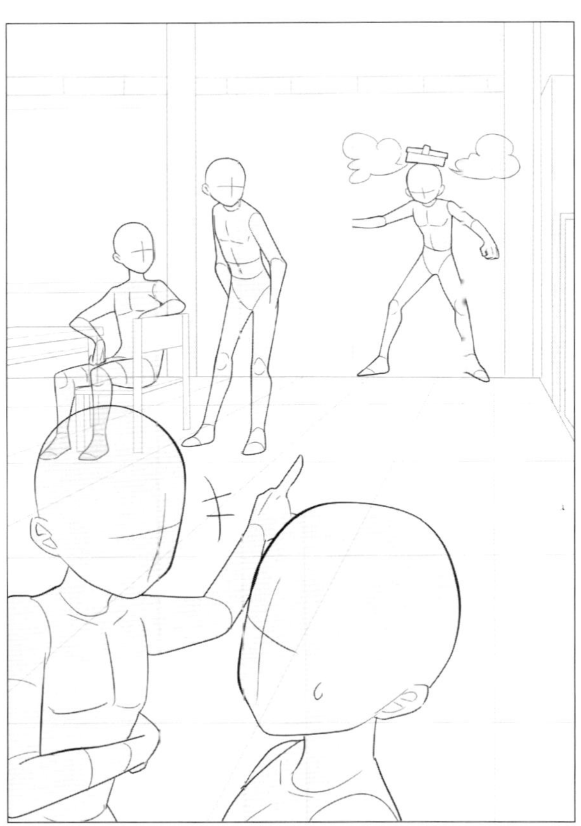

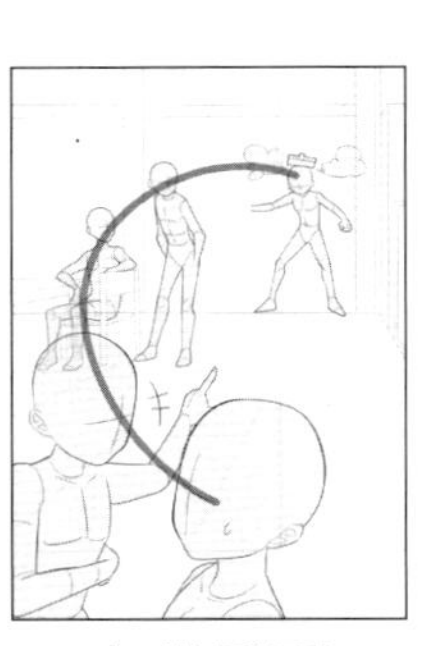

上當受騙

0401_02d

這也是在臉部上方配置弧線的構圖。將視線從景深角色轉移至前面角色。

圍聚桌旁

0401_03c

角色左右平均配置在畫面中，描繪出空間感。營造出外部者難以加入同伴好友間的談話氣氛。

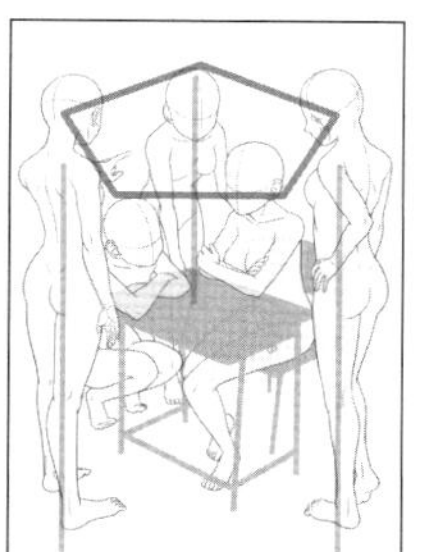

01 校園生活

拍照留念

0401_04e

構圖中左邊角色的面積最大，可讓人感到她就是故事或團隊主角。

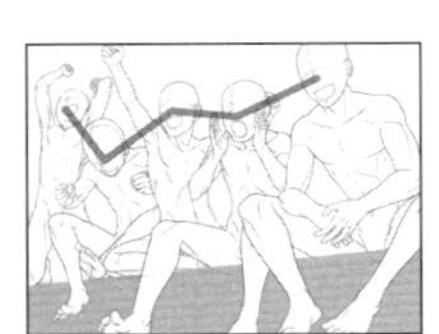

齊聲應援

0401_05c

為社團活動加油的範例。臉部位置交錯描繪，表現出情緒激昂的加油場景。

圍聚成圈

0401_06k

角色沿圓柱形配置的構圖。除了可以表現感情融洽的團體，也可以把對角線上的角色當作對手，呈現出①②③一組和④⑤⑥一組，團體對立的畫面。

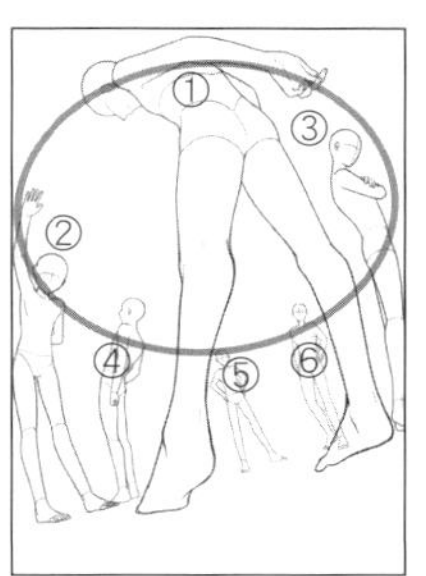

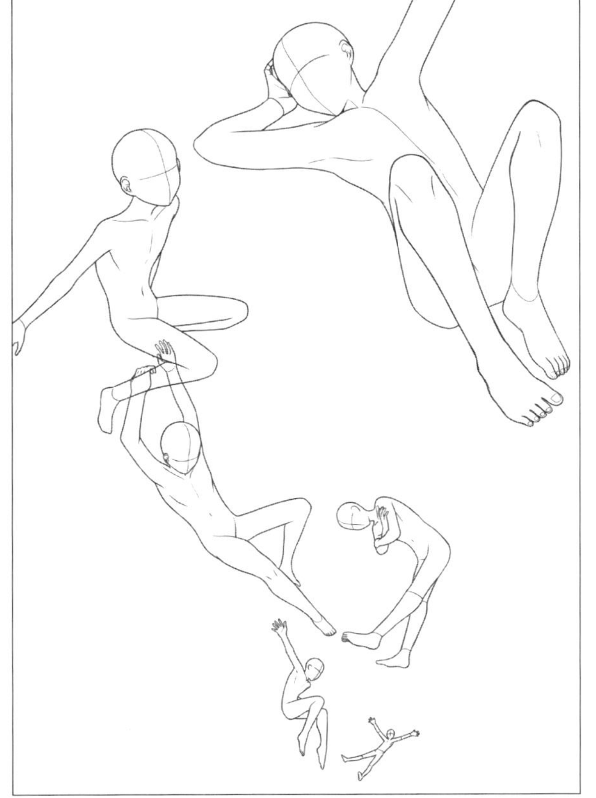

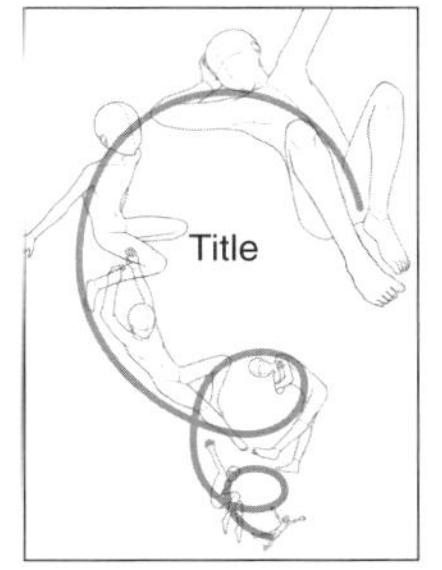

空中姿勢

0401_07k

落下的角色構成漩渦形構圖。最大漩渦的中央可以放入標題，當成漫畫封面或是海報。

02 偶像團體

舞台喝采

0402_01e

聚焦角色臉的方向，從每人臉朝不同的方向來看，繪圖傳達出角色正面對許多粉絲。

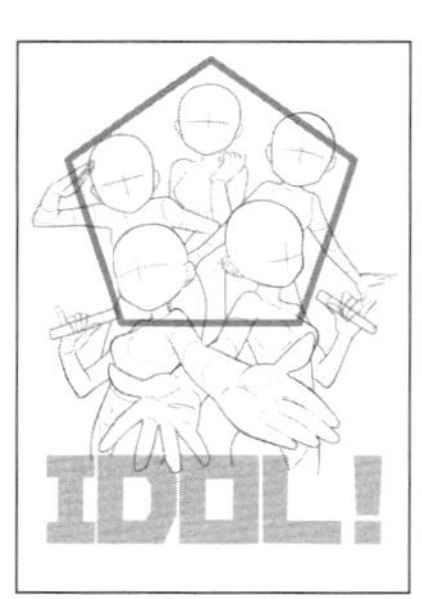

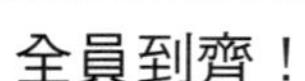

全員到齊！

0402_02d

5 位角色的臉部構成五角形，角色人數雖多，構圖仍有整體一致感。

吸睛搶鏡

0402_03c

三人一組，如兩片板子般配置於畫面，創造出景深。

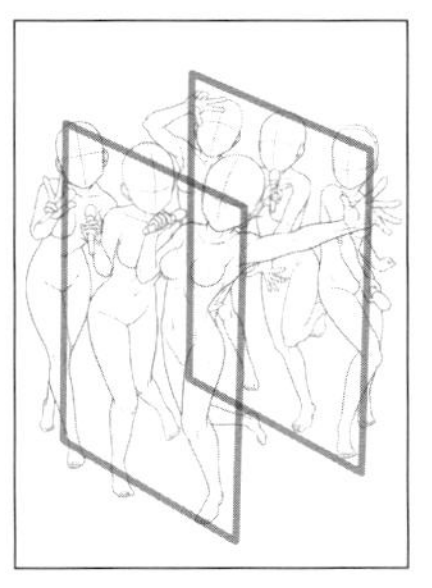

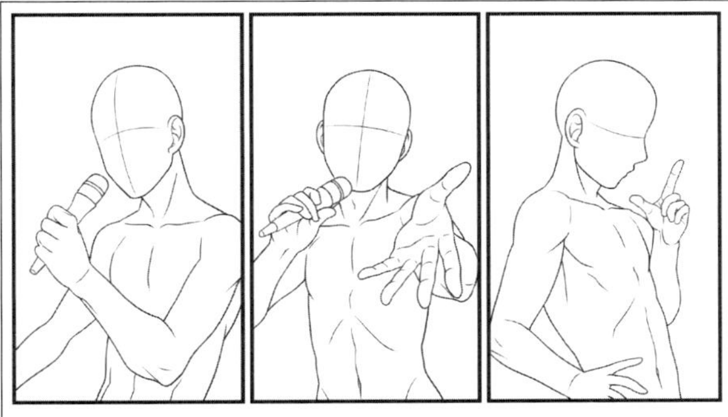

IDOL!!

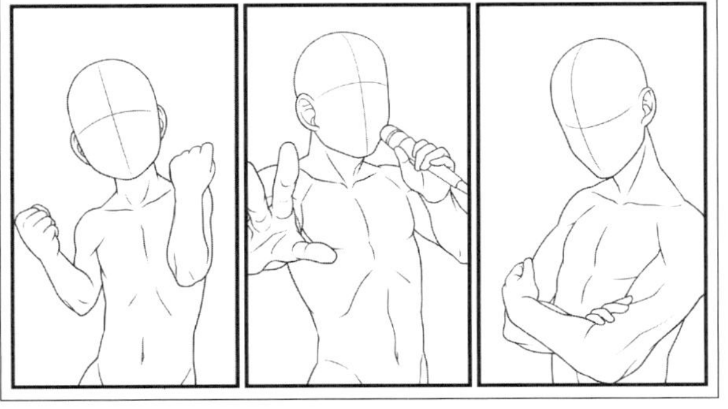

型男團體

0402_04c

角色收進整齊並列的方格中，給人安定的印象。由姿勢展現各角色的個性。

03 團隊合作

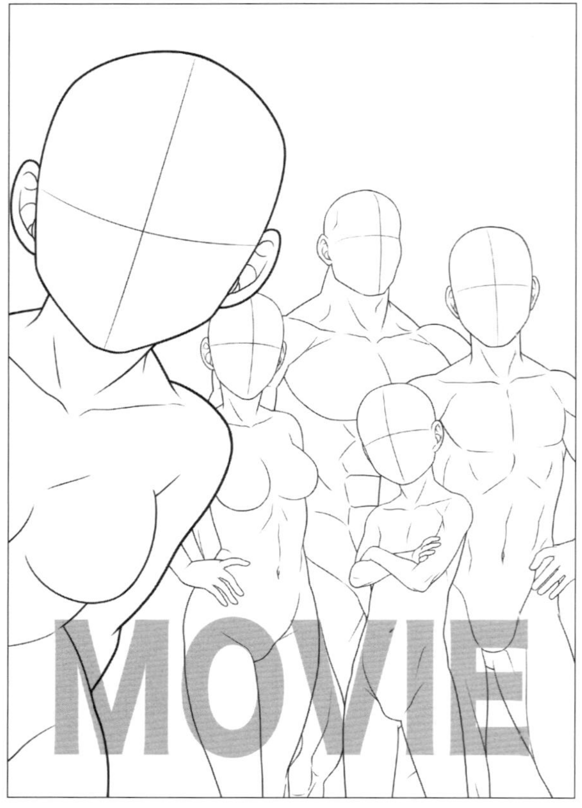

個性十足的
夥伴們

0403_01c

主角（左邊）和其他夥伴們。這是海報等經常使用的構圖。

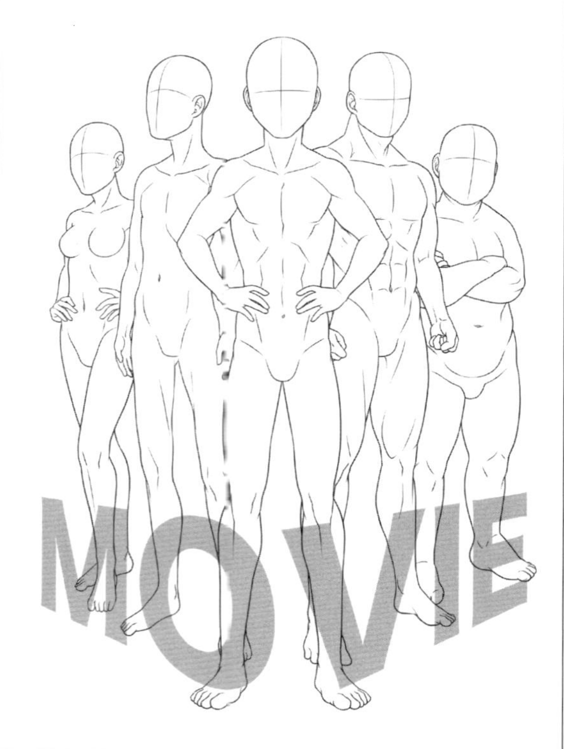

英雄團隊

0403_02c

全體人員全部集中在菱形區塊內，增強組織感和全員一體的團隊感。

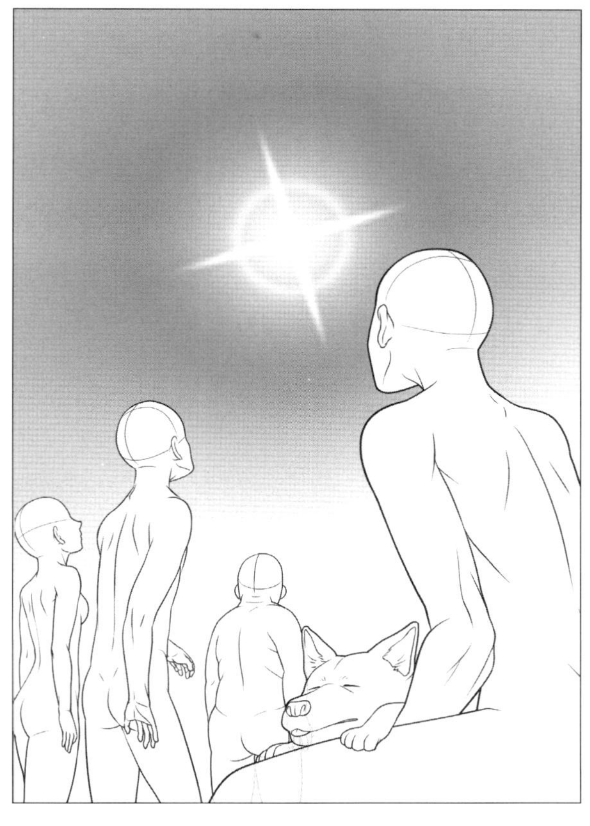

故事高潮

0403_03c

角色目光集中一點的構圖。可讓人感覺到發光的一點，是故事重要的元素。

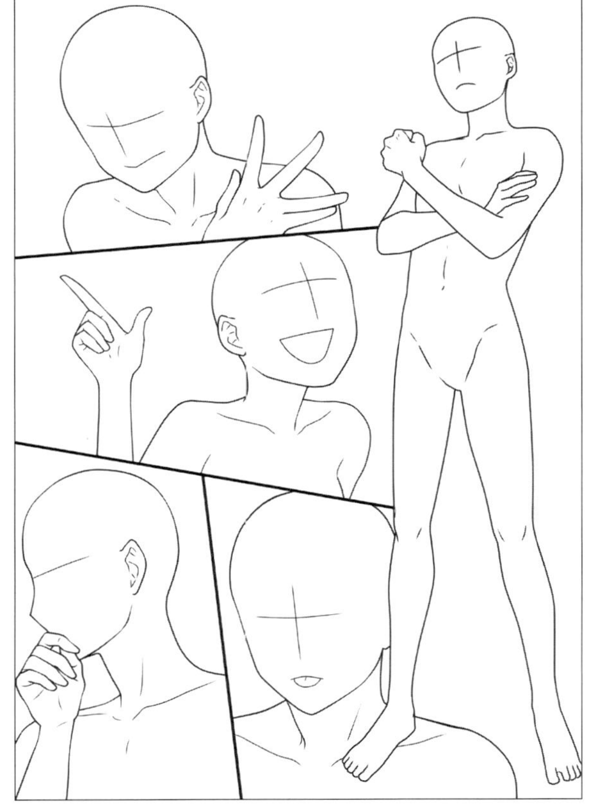

漫畫風格

0403_04e

右邊站立的角色是隊長角色。小區塊部分以不安定的斜線分割，當中角色的面向各異。大家個性十足勝於一致感，令人感覺團隊的特殊調性。

03 團隊合作

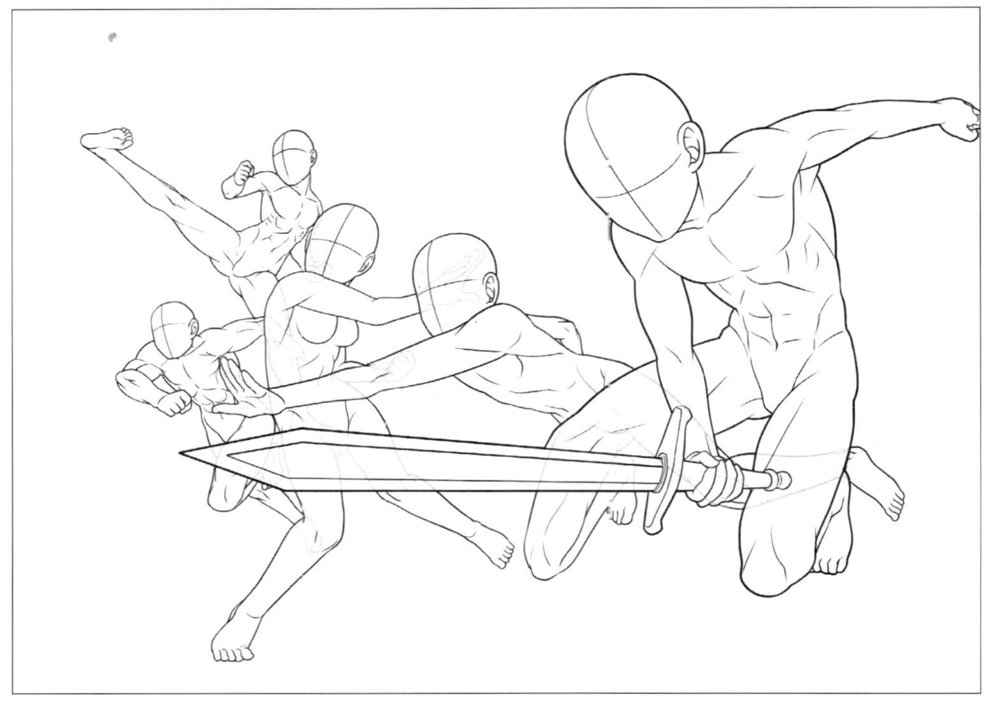

共同作戰

0403_05c

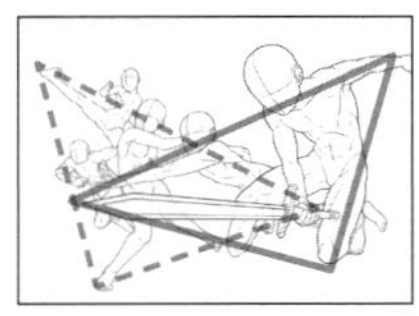

結合了兩個三角形框架比例，讓整體構圖不但充滿躍動感，還維持安定一致的感覺。

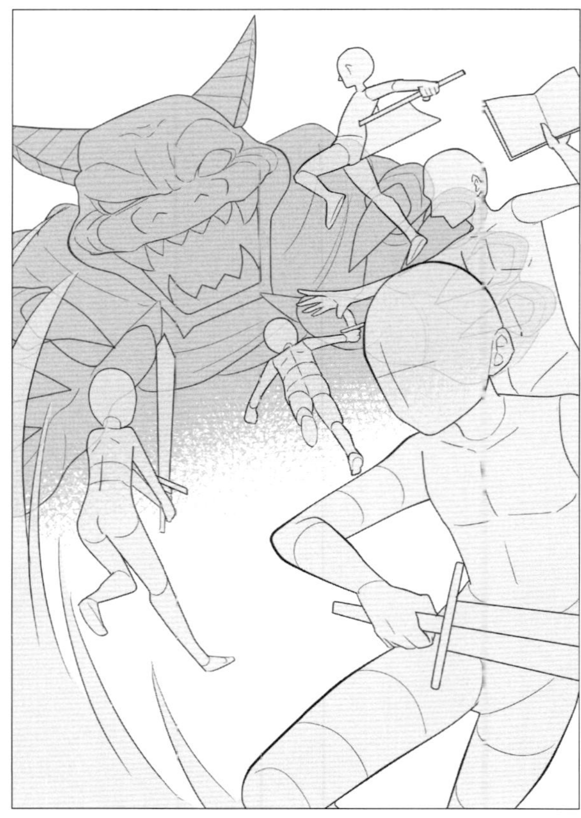

挑戰大魔王

0403_06d

每個人的姿勢各異，但都集中朝向景深的一點（大魔王），這樣的構圖，可以讓人感受齊力抗敵的團隊力量。

勝利到手！

0403_07c

角色配置於圓形中，另一邊，景深角色躍起，表現氣勢。這是在有意識以圓形框架構圖，又想突破框架時，故意打壞結構的設計技法。

插畫家介紹

請參考本書姿勢插畫檔名的最後一個字，從最後一個英文字，可得知負責繪製的插畫家。

0000_00a → 繪圖的插畫家

a SAKO

現居福岡的自由業插畫家，從事裝禎畫與角色設計等工作。繪畫構圖會留意思考呈現的美感與親切感。
pixiv ID：22190423　Twitter：@35s_00

b YANAMi

執筆：彩色插畫（P7）、構圖的基本解說（P12～42）
自由業插畫家，東洋美術學校講師。著作有『※中年大叔各種類型描繪技法書』『※男女臉部描繪攻略』，共同著作有『和服繪畫技法』、『獸耳的描繪技法』、『姿勢與構圖的法則』等。（※中文版由北星圖書公司出版）
pixiv ID：413880　Twitter：@yyposi918

c HARUKA

執筆：COLUMN（P84）
曾當過漫畫家、有遊戲繪圖經驗的阿宅，現在自由承接遊戲角色描繪的案件，還是專門學校的講師，無憂無慮從事自己喜歡的工作。
pixiv ID：168724　Twitter：@haruharu_san

d 安田昴

執筆：扉頁畫（P145）、協助：構圖想法
精細插畫家。生活就是吃飯！插畫！遊戲！睡覺！
HP：https://danhai.sakura.ne.jp/index2.html
pixiv ID：1584410　Twitter：@yasubaru0

e YOGI

執筆：扉頁畫（P43）
自由業插畫家。
想要將各種題材都畫成柔軟樣貌的繪圖。
pixiv ID：10117774

f 內田有紀

漫畫插畫家和專門學校的講師，多從事商業漫畫、應用程式或Mukku的漫畫、實用書籍小插畫等的各種繪圖工作。
pixiv ID：465129　Twitter：@uchiuchiuchiyan

g 藤科遙市

執筆：彩色插畫（P4）、扉頁畫（P123）
這次雖然是有關構圖的書籍，但其實平常都憑感覺「這樣畫比較帥氣吧！」，沒有這麼依照規則繪畫。總之，順勢感覺最重要！
HP：https://galileo10say.jimdofree.com/

h 高田悠希

執筆：COLUMN（P144）
以關西為活動範圍，從事作家與講師的工作。負責電子雜誌『AA之女』的連載。以創作為主軸天天特訓中，喜歡描繪生物的各種面貌。如果這次書中的作品能讓大家開始開心繪圖，那就太棒了！
pixiv ID：2084624　Twitter：@TaKaTa_manga

i

GENMAI*ACE 鈴木

蘋果阿宅，曾從事平面設計、描繪插畫、偶爾畫漫畫。著作有「描繪手腳的基本課程」等實用書，還畫過很多遊戲等。
pixiv ID：35081957　Twitter：@ACE_Genmai

j

MRI

執筆：COLUMN（P122）
表面從事手機應用程式類工作的插畫家。最近的困擾是沒有多餘的時間打最愛的遊戲。
HP：http://broxim.tumblr.com/
Twitter：@No92_MRI

k

虎狼SAKIRI

執筆：彩色插畫（P2）
一邊摸索著如何每天快樂繪圖，一邊生活。

l

RARIATOO

執筆：彩色插畫（P5）
這次的彩色插畫是想利用魄力十足的構圖描繪出來。彩色插畫中的角色名稱，黑色的叫桃華，紅色的叫鬼姬。
pixiv ID：794658　Twitter：@rariatoo

m

SANDATO

只畫喜歡的題材。
pixiv ID：6233911　Twitter：@TORINIKU_333

n

海鼠

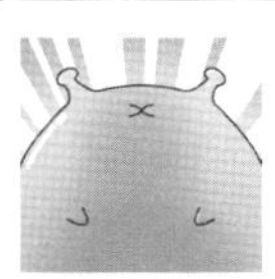

執筆：彩色插畫（P6）
自由業插畫家，從事書籍插畫和角色設計等繪圖工作。
pixiv ID：5948301　Twitter：@NAMCOOo

o

神威NATUKI

執筆：彩色插畫（P8）、扉頁畫（P85）
自由業插畫家兼漫畫家，以書籍、TCG遊戲角色的設計為主要繪圖工作。喜好大正浪漫、和風、獸耳和奇幻風格。
HP：https://gyokuro02.web.fc2.com/
pixiv ID：10285477　Twitter：@n_kamui

p

MURASAKI

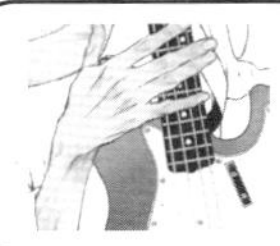

自由插畫家，喜歡描繪魅惑型年輕人～老人、肌肉。
pixiv ID：411126

HAMU梟

執筆：彩色插畫（P3）、協助：構圖想法
從事自由繪畫與漫畫繪圖。
pixiv ID：1773091　Twitter：@hamuhukurou

伊達爾

協助：構圖想法
想隨心所欲的繪畫，主要題材是機器人、少女、怪獸、超大素體人物畫，著作有「※超級Q版人物姿勢集」系列等（※中文版由北星圖書公司出版）。
pixiv ID：831056　Twitter：@yielderego

CD-ROM的使用方法

本書刊登的姿勢插畫，以psd、jpg 的檔案格式全部收錄於 CD-ROM 中。可適用於各種繪圖軟體，如：『CLIP STUDIO PAINT』、『Photoshop』、『FireAlpaca』、『Paint Tool SAI』。請放入CD-ROM專用硬碟開啟使用。

Windows

CD-ROM 放入電腦後，會自動開啟視窗或顯示對話窗塊，請點擊「開啟資料夾以檢視檔案」。

※可能會因為 Windows 版本而有所不同。

Mac

CD-ROM 放入電腦後，桌面會顯示圓盤狀的圖示，請雙點擊該圖示。

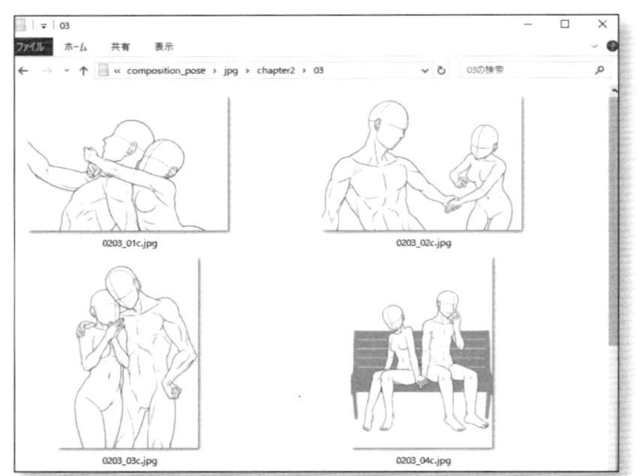

CD-ROM 中將姿勢插畫分別收錄在「psd」、「jpg」的資料夾中，可自由設計使用，例如：點開想使用的插畫，加上服飾與髮型；或是複製想使用的部分貼在原稿上。

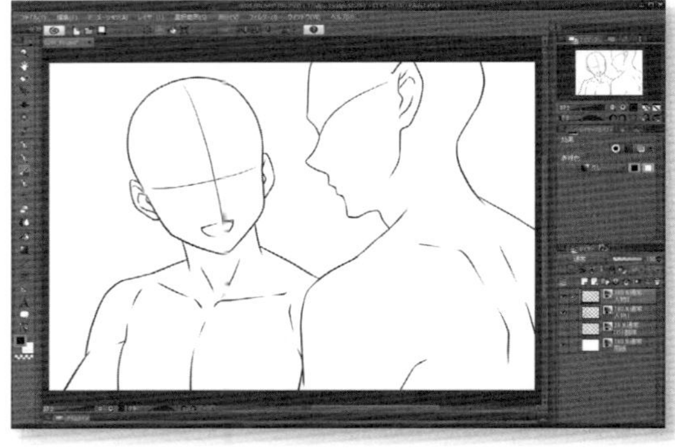

這是以『CLIP STUDIO PAINT』軟體開啟檔案為例。psd 格式的插畫可穿透，所以很方便貼在原稿上使用。或是在上面多加一層，描繪線稿製作成插畫也很方便。

BONUS DATA!

CD-ROM「other_bonus」資料夾中有未刊登在本書的姿勢插畫，也請大家記得參考！

01e 可愛拳擊
02c 背對背
03c 年齡有差距的兩人
04e 感情融洽的男子四人組
05c 唱歌的男偶像
06g 跳舞時刻

使用授權

本書與 CD-ROM 所收錄的姿勢插畫，全部皆可免費臨摹。購買本書的讀者可以臨摹、加工等自由使用。不會產生著作權費用與第二次使用費，也不需要標記授權許可。但是姿勢插畫的著作權歸屬為負責創作的插畫家。

這是OK

- 仿描（臨摹）本書刊登的姿勢插畫。添繪服飾或髮型繪製成原創插畫，在網站上公開插畫。
- 將 CD-ROM 收錄的姿勢插畫，貼在數位漫畫或插畫的原稿上使用，添繪服飾或髮型繪製成原創插畫，並將插畫刊登在同人誌或公開在網站上。
- 參考本書與 CD-ROM 所收錄的姿勢插畫，創作成商業漫畫的原稿，用於刊登在商業雜誌的插畫。

禁止事項

禁止複製、發布、讓渡、轉賣本 CD-ROM 收錄的資料（亦禁止加工轉賣）。亦不得用於以 CD-ROM 收錄的姿勢插畫為主的商業販售、插畫範例（扉頁、專欄、解說頁面的範例）的臨摹。

這是NG

- 複製 CD-ROM 當作朋友贈禮。
- 複製 CD-ROM，免費發送或收費販售。
- 複製 CD-ROM 資料，上傳網路。
- 不是姿勢插畫，而是仿繪（臨摹）插畫範例，公開在網路。
- 直接複印姿勢插畫，做成商品販售。

謝絕事項

本書所刊登的姿勢，都是以好看為描繪的優先考量。有些是在漫畫或動畫中，科幻風特有的武器拿法和戰鬥姿勢。這些姿勢可能與實際的武器使用和武術規則有所差異，敬請見諒。

工作人員

●編輯
川上聖子
[HOBBY JAPAN]

●封面設計、DTP
板倉宏昌
[Little Foot]

●企劃
谷村康弘
[HOBBY JAPAN]

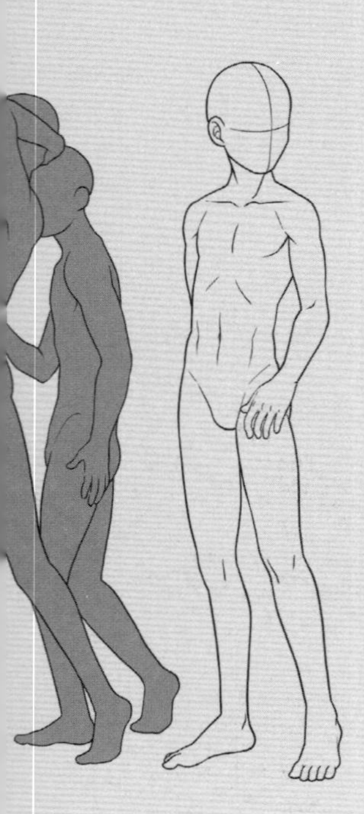

國家圖書館出版品預行編目(CIP)資料

襯托角色構圖插畫姿勢集 / HOBBY JAPAN作；黃姿頤翻譯.
-- 新北市：北星圖書，2020.10
面； 公分
ISBN 978-957-9559-45-4(平裝附光碟片)

1. 漫畫 2. 繪畫技法

947.41 109006314

襯托角色構圖插畫姿勢集
1人構圖到多人構圖 畫面決勝關鍵

作　　者／HOBBY JAPAN
翻　　譯／黃姿頤
發 行 人／陳偉祥
發　　行／北星圖書事業股份有限公司
地　　址／234 新北市永和區中正路 458 號 B1
電　　話／886-2-29229000
傳　　真／886-2-29229041
網　　址／www.nsbooks.com.tw
E－MAIL／nsbook@nsbooks.com.tw
劃撥帳戶／北星文化事業有限公司
劃撥帳號／50042987
製版印刷／森達製版有限公司
出 版 日／2020 年 10 月
I S B N／978-957-9559-45-4
定　　價／360 元

如有缺頁或裝訂錯誤，請寄回更換。

臉書粉絲專頁　LINE 官方帳號